普通高等教育“十三五”规划教材

创新系列·会计学

财务会计综合模拟实训教程

Enterprise Accounting Comprehensive Simulated Training

◆王芳　唐衍彬　主编

◆易三军　刘鑫鑫　张爱华　副主编

電子工業出版社

Publishing House of Electronics Industry

北京·BEIJING

内容简介

全书共分 8 章，分别为财务会计综合模拟实训概述、会计综合实训模拟企业、建账资料、会计凭证的填制、记账、对账与结账、财务报表的编制、会计档案管理。本书中最后的附录部分，是本书编制记账凭证时所需要的原始凭证，请实训者在编制完成记账凭证后，把原始凭证从书中剪下来，附在记账凭证的后面。本书对所有的日常经济业务都有介绍指导，对于没有实践经验的学生来讲，可以起到一定的辅助学习作用。

本书可作为经济管理类本科、专科学生的会计学实践教材，也可作为会计自学者的自学教材。

图书在版编目（CIP）数据

财务会计综合模拟实训教程 / 王芳，唐衍彬主编．—北京：电子工业出版社，2016.6
（华信经管创新系列）
ISBN 978-7-121-28876-0

I. ①财… II. ①王… ②唐… III. ①财务会计－高等学校－教材 IV. ①F234.4

中国版本图书馆 CIP 数据核字（2016）第 109751 号

策划编辑：王二华
责任编辑：王二华
印　　刷：北京虎彩文化传播有限公司
装　　订：北京虎彩文化传播有限公司
出版发行：电子工业出版社
北京市海淀区万寿路 173 信箱　　邮编：100036
开　　本：787×1092　1/16　印张：11.75　字数：320 千字
版　　次：2016 年 6 月第 1 版
印　　次：2022 年 1 月第 7 次印刷
定　　价：29.00 元

凡所购买电子工业出版社图书有缺损问题，请向购买书店调换。若书店售缺，请与本社发行部联系，联系及邮购电话：（010）88254888，88258888。

质量投诉请发邮件至 zlts@phei.com.cn，盗版侵权举报请发邮件至 dbqq@phei.com.cn。

本书咨询联系方式：（010）88254532。

前　言

本书是一本会计实训类教材，书中既有会计理论知识的介绍，又有会计实务的讲解，整合了会计理论和实务两个方面的内容。书中模拟了一个企业12月份的业务，通过本教材的模拟实训，学生可以完成：开设企业账簿体系、根据企业日常经济业务编制和审核记账凭证、成本核算、登记日记账明细账、编制科目汇总表并登记总账、试算平衡、对账、月末结账及编制账务报表等。

本课程可以开设在会计学基础、中级会计学、成本会计、管理会计等理论课程之后，可以加深大学生对会计理论知识的认识，使学生们能将上述课程的会计专业知识融会贯通、加深理解、查漏补缺，也能加强学生们的会计实践技能。

本书的特色主要体现在以下几个方面。

第一，综合性强。本书综合了会计学基础、中级会计学、成本会计、管理会计等课程的内容和方法。

第二，业务具有代表性。会计工作内容繁多、业务复杂，本书在选取日常经济业务时，注意挑选具有代表性的、经常发生的日常经济业务，剔除了不常发生的复杂经济业务，比较适合作为大学生的实训教材使用。

第三，内容完整。本书选择了模拟企业的一个月份，刚好是会计工作的一个循环。

第四，难易程度适合。本书将模拟业务学习指导放入教材，既方便教师备课，又方便实训者和自学者学习。

本书在写作过程中得到了华中科技大学文华学院的领导和同事们的指导和支持，特别是华中科技大学的戚昌文教授、邓世兰副教授和李洪茂副教授三位老师的大力支持，在此表示诚挚的谢意。

本书由王芳（华中科技大学文华学院）、唐衍彬（江西应用科技学院）担任主编，由易三军（华中科技大学文华学院）、刘鑫鑫（华中科技大学文华学院）、张爱华（华中科技大学文华学院）担任副主编，具体分工如下：王芳负责第1—8章内容的编写工作；唐衍彬、易三军负责附录原始凭证的整理工作；刘鑫鑫参与了本书日常经济业务的审核工作；张爱华参与了本书的前期讨论工作；胡小乔参与了前期的资料收集工作；朱鹏明、杨晶晶参与了附录原始凭证的资料收集和整理工作。对于在本书编写过程中提供了支持和帮助的领导、同事和学生，在此表示感谢。

限于作者水平，书中难免有欠妥之处，敬请广大读者和专家批评指正。

目　　录

第 1 章

财务会计综合模拟实训概述

1.1 财务会计综合模拟实训的目的

学校教育，即狭义的教育，指教育者根据一定社会或阶级的要求，遵循年轻一代身心发展的规律，有目的、有计划、有组织地引导受教育者获得知识技能，陶冶思想品德，发展智力、体力的一种活动，以便把受教育者培养成一定社会和阶级所需要的人。

我们的学生通过学校的课堂学习，已经初步掌握了会计的基础知识和相关技能，但受到传统的“填鸭式”教学方法的束缚，难以将所学的专业知识进行有效的整合，形成自身的知识合力；另外，传统教学的课堂灌输授课方式，让学生处于被动学习的地位，难以激发学生的学习兴趣和主动性，使得教学效果大打折扣；并且已经开设过的会计学基础、中级会计学、成本会计、管理会计等课程，重在传授学生会计知识，是理论方面的学习，使得学生对于实践操作技能仍然十分陌生，在面对真实的账本时就手足无措。

财务会计综合模拟实训完全不同于传统的课堂灌输授课方式，模拟实训通过让学生自己动手，去模拟一个企业的会计处理流程，并形成账簿体系，来完成整个教学过程。实训过程以学生自己动手为主，以指导老师辅导为辅；以学生自学为主，指导老师教授为辅。本模拟实训的目的是通过实训使学生全面、系统地掌握会计循环中凭证、账簿、报表的基本操作技能，明确凭证、账簿的种类、基本结构和内容；熟悉各种原始凭证的样式，掌握原始凭证填制和审核的基本操作技能；掌握会计分录和填制记账凭证的基本技能；熟悉登记账簿的一般要求，掌握会计账簿启用、设置、登记，以及对账和结账的基本操作技能；熟悉主要会计报表的基本结构、内容和编制依据；掌握编制会计报表的基本技能。

综上所述，财务会计综合模拟实训对于学生学习实践操作技能的重要性有如下几个方面。

（1）是实现课堂理论教学与课下实践教学相结合的有效途径

在财务会计综合模拟实训的仿真模拟环境中，学生根据实验内容的要求，自己动手，从填制原始凭证、编制会计凭证、登记账簿、成本核算、编制会计报表到财务分析，如同置身于实际单位的财务部门。学生通过实验对会计工作的全貌有了清晰、直观的了解，既培养了学生的动手能力，又使学生加深了对会计基础理论和会计实际工作内在联系的深刻认识。

（2）是有效解决实践教学目标与校外实习环境不协调这一矛盾的最佳途径

由于会计学科具有很强的社会实践性，故要求会计专业的学生应具备较强的会计实践运作技能。而会计综合模拟实训设计及会计核算组织程序的可塑造性强，其成本较低，仿真模拟的效果非常接近现实。

（3）是提高学生动手能力，推动素质教育的有效途径

通过重塑一个生产单位的生产过程，再依据其生产活动自身的规律与特点，结合市场经济环境产生的财务关系，全面地设计该模拟单位的各类经济业务及相关的财务管理制度，进行仿真模拟实训，由学生自己主动思考问题，分析并解决问题。这种生动的教学形式能极大地调动学生学习的主动性与积极性，培养学生注重实践，从实践中获取真知的好作风，为素质教育开辟新的途径。

1.2 财务会计综合模拟实训的步骤

1.2.1 实训准备阶段

1. 财务会计综合业务模拟实训人员配备

财务会计综合业务模拟实训需要配备指导老师，对实训进行指导。

（1）实训指导老师的配备

作为实训指导老师，在组织实训者进行财务会计综合业务模拟实训之前必须对全部模拟业务进行试做，并撰写实训指导教案，在教案中详细注明每一实训步骤所涉及的理论知识的出处，以及知识要点和应用时应注意的问题。要达到这一要求，实训指导老师必须精通上一节文中所涉及的各专业课程，并充分关注会计法规、会计准则及税务法规的新变化等。

实训指导老师应由同时具有财会本科以上学历和中级以上技术职称的教师或财会工作者担任。指导老师的主要职责有如下几项。

① 明确培养目标、实训的教学目的和基本要求，对实训者进行思想教务工作，提高实训者对实训的认识。

② 了解实训者的能力、学习、思想及工作实践等情况，做到心中有数。

③ 制订实训计划，熟悉实训教材，指导实训者正确进行各种会计操作。

④ 根据财务会计综合业务模拟实训的评分标准，审阅批改实训者材料，确定实习成绩，并写出适当的评语。

⑤ 对实训者实训的真实性进行审查，如发现实训者抄袭他人实训资料，应及时进行批评指正。对屡教不改者，指导老师有权取消该实训者的实训资格。

（2）对实训者的要求

① 实训者应学习过基础会计、中级财务会计、成本会计等先期课程。

② 实训者必须按照企业会计制度、相关会计准则及有关财经法规对实训经济业务进行会计处理。

③ 作为即将参加实训的实训者，要端正态度，积极主动地温习上述提及的专业课程，为进入实训阶段打下良好的理论知识基础。

2. 财务会计综合业务模拟实训者的分组

在实训正式开始以前，实训者需要组成小组，每个小组 2～4 人，共同分工，完成此次实训的所有工作，在实训过程中不得随意变更小组成员。分组后，每个小组必须配备一套实训材料，可以小组自行购买，或是以班为单位购买，详细内容请看下面“3.综合业务模拟实训准备材料”中的内容。

3. 综合业务模拟实训准备材料

为顺利完成本次模拟实训综合业务，实训指导老师应结合实训者总人数、分组情况、分岗情况，在实训工作开展之前，提前准备实训材料。

实训材料分为两类，一类是可重复使用的实训材料；另一类是一次性消耗的实训材料。

（1）可重复使用的实训材料

① 企业会计科目章和印台（也可以不准备，直接在记账凭证上手写会计科目）。

② 直尺、裁纸刀、剪刀、红笔、钢笔、黑色碳素墨水、胶水、别针或大头针。

（2）一次性消耗的实训材料

① 总分类账，固本账账本 1 册。

② 现金日记账和银行存款日记账，其中现金日记账账本 1 册，银行存款日记账账本 2 册。

③ 明细账账芯，包括：三栏式明细账，账芯 1 册；数量金额式明细账，账芯半册（可以与另一组共分 1 册）；多栏式明细账，账芯半册（可以与另一组共分 1 册）；应交税金——应交增值税明细账，账页 3 张；固定资产明细账，账页 15 张；物资采购明细账，账页 20 张；

④ 通用记账凭证，1 册。

⑤ 科目汇总表 3 张（2011 年 12 月 31 日，编制 1 次）。

⑥ 账簿硬封皮 1 套（带账簿装订专用螺丝 2 套，用于明细账账簿）。

⑦ 记账凭证封皮 3 套（张）、会计报表封皮 1 张。

⑧ 账簿标签 3～5 张。

⑨ 大针 1 根，装订线 1 米。

以上材料均是按照模拟企业的实际情况来准备的，没有多余的空间，如果学生初次手工操作，恐多有出错的地方，请恰当地稍多准备一些，特别是明细账账芯、通用记账凭证和科目汇总表。

另需要说明的是，上述材料中的①、②项是订本式的，即固本账，③项中全部是活页式的，为了记账和保管，应该将活页账（明细分类账）用账簿硬封皮和账簿装订专用螺丝装订成册。可以根据分工的设置，装订成一套或是多套。装订成多套时，可以直接按照三栏式、多栏式、数量金额式分别装订成 3 套。

1.2.2 模拟实训阶段

在模拟实训正式开始之前，实训指导老师应集中讲解本次模拟实训的目的和意义，并概括讲解模拟企业的生产组织和管理制度，以及会计核算制度，以使学生对模拟实训有一个整体上的把握和了解。

这一阶段的具体实验步骤如下。

① 建账：根据模拟企业的期初数据和相关资料开设总分类账、日记账、明细分类账及备查账簿。

② 将期初余额过入各总分类账、日记账、明细分类账及备查账簿。

③ 根据模拟企业本月中的所有原始凭证编制记账凭证。

④ 根据记账凭证，登记日记账、明细分类账及备查账簿。

⑤ 进行科目汇总，编制科目汇总表。

⑥ 采用科目汇总表账务处理程序，登记总分类账。

⑦ 编制调整分录并试算。

⑧ 结账。

⑨ 编制结账后试算平衡。

⑩ 编制会计报表，包括资产负债表、利润表、现金流量表等。

1.2.3 整理归档阶段

对记账凭证及其背后所附的原始凭证、总分类账、日记账、明细分类账、编制的会计报表进行整理归纳，将记账凭证装订成册并给各分册连续编号，将明细账进行妥善整理，将所有的会计报表放入报表封存中，并将所有的会计资料放入专门的档案柜中，由专人保管。

1.2.4 撰写实验报告阶段

对模拟实训的情况进行小结和评价，总结经验，找出不足，并提出合理化建议。要求学生把实训过程中的心得体会、经验、过程等整理成实训报告，并随账册一起交给指导老师。

1.3 财务会计综合模拟实训的考核与评价

实训结束后，指导老师应该根据实训情况，给出实训成绩，这是整个实训过程中的最后一环，也是最为重要的环节之一。它是激励学生的一种手段，也是提高以后的实训质量、促进实训过程良性运转的有力保证。为此，必须建立一套科学合理、行之有效、易于操作的实训考核体系，将实训要求和结果进行指标量化，按量化指标进行评分，对每一个实训参与者的实训运作全过程进行考核并评定成绩。

考核成绩的内容组成及量化标准如下。

1.3.1 平时成绩（30 分）

实训的指导老师按照学生平时的出勤率和实训过程中的实训态度，来给出学生的平时成绩。迟到或早退一次，扣 5 分；旷课一次，扣 10 分；实训时态度不认真，聊天、玩手机等情况，一次扣 2～5 分。扣完为止，累计扣 30 分者，取消此次实训资格。

1.3.2 实训技能（60 分）

实训技能是会计模拟实训的核心，涵盖了此次实训所有会计流程中的工作，具体包括填制原始凭证、编制记账凭证、登记账簿、编制会计报表、装订会计档案等内容。

在以上内容中，实训者如有违反会计实践操作规范和具体会计操作标准的情况，即扣除相应的分数。

1. 会计模拟实训操作规范

在模拟实务的操作过程中，实训者应该等同于实际工作，认真谨慎，按照会计核算程序及有关规章制度，填制会计凭证、登记账簿及编制会计报表。实习中用的各种凭证、账簿和报表都应该采用统一的规范格式，并且凭证、账簿和报表的项目要按有关会计标准和规范填写清楚、正确、完整。

在填制会计凭证、登记账簿和编制会计报表时，除按规定必须用红色墨水笔时，所有文字、数字都应使用黑（蓝黑）色墨水笔书写；填写现金支票、转账支票时必须使用黑色墨水笔或签字笔，不准使用铅笔和圆珠笔。若会计凭证、账簿和会计报表金额的颜色使用错误，造成账簿和会计报表数字错误，一次扣 5 分；不会造成账簿和会计报表的数字出现错误时，一次扣 2 分。

书写有错误时，应按规定使用划线更正法、红字冲销法、补充登记法这三种方法进行改正，不得任意涂改、刮、擦、挖、补。若是使用划线更正法，在按正确方法改正之后，必须在修改过的地方加盖自己的印章。以上要求，有一处错误者，一次扣 2 分。

2. 具体会计操作标准

（1）记账凭证

记账凭证的填写必须清楚、正确、完整，具体要求如下：

① 记账凭证的日期与编号是否齐全、连续；

② 是否有附件张数；

③ 摘要是否言简意赅并且适当；

④ 会计分录是否正确，包括会计科目和借贷方发生额；

⑤ 合计金额是否正确，且其第一位数字前是否有人民币符号“¥”；

⑥“制单”、“审核”、“记账”处是否填写了正确的姓名；

⑦ 记账后是否标有记账符号“ √ ”；

⑧ 明细成本项目是否齐全、正确；

⑨ 一笔经济业务需要使用多张记账凭证时，经济业务在连续记录时格式是否正确，同一号数的记账凭证需要分页，分页记账凭证是否按 $1/n$，$2/n$，…，n/n 编号。

以上要求，除了会计分录里的会计科目或借贷方发生额错误之外，导致整个分录错误并影响账簿和报表数据时，一次扣 5 分之外，其余每一处不符合时扣 1 分。

（2）账簿

会计账簿的填写同样也必须清楚、正确、完整，具体要求如下：

① 每一次的金额是否正确，包括数字和方向；

② 上年结转数是否有“上年结转”章及余额的方向（本实训模拟 12 个月份的业务，摘要里也可以填写“期初余额”）；

③ 小计、月计、累计是否正确；

④ 金额结示的位置是否正确；

⑤ 数量金额式账户是否有数量记录，填写是否正确；

⑥ 记账需要过渡到下一页时，当前页最后一行的摘要处是否有“过次页”字样，是否正确结出借贷方发生额小计和余额，下一页的首行摘要处是否有“承前页”字样，并把前一页“过次页”的借贷方发生额小计和余额结转过来；

⑦ 结转下年的格式和内容是否正确。

以上要求，除金额错误时一次扣 5 分之外，其余每一处不符合时扣 1 分。

（3）会计报表

会计报表里的金额在填写时，必须清楚、正确、整洁，不得出现涂改、刮、擦、挖、补。金额错误时，视严重程度扣除 5～10 分；金额正确但是出现涂改、刮、擦、挖、补时，每一处扣 2 分。

（4）加分因素

如果实训者的实训技能特别突出，会计凭证、账簿及会计报表正确、整洁，会计凭证的装订程序和内容正确并且外观整齐，可以获得加分，但该方面加分总计不超过 5 分。

1.3.3 实训报告（10 分）

实训报告是完成会计模拟实训全过程的书面总结。该环节可以考核每个小组成员的工作分工及完成情况，也能反映出实训参与者能否结合实训内容的重点和疑点，提出问题、分析问题，并提出切合实际的改进措施和建议，同时也给实训参与者一个总结自身经验和教训的机会。

实训报告必须格式规范，文字工整，有实际内容，有自己的明确观点，字数不少于 3000 字。不得抄袭，否则一律做零分处理。

第 2 章

会计综合实训模拟企业

2.1 模拟企业简介

不同行业中的企业及同行业中的不同企业，都有各自的生产组织特点和经营管理特点，因而所采用的具体核算方法（特别是成本核算方法）就各有不同，甚至于同行业中的同类企业，也由于会计核算的服务对象和目的稍有不同及会计政策的可选择性，而会计核算方法不尽相同。我们应该针对不同企业的不同情况，制定符合自己企业的会计核算方法和流程。

本书的模拟企业是一家纺织企业，即工业制造类企业。企业的基本情况如下。

2.1.1 工商注册相关信息

企业名称：江城纺织有限责任公司。
法人代表：江辰兮（兼总经理）。
注册地址：湖北武汉市硚口区建设大道 368 号。
联系电话：027-83259427。

2.1.2 公司的职能部门

公司的各职能部门包括总经理办公室、行政办公室、人事处、财务处、采购部门、销售部门、仓管部门、生产部门等。总经理办公室负责整个企业的行政管理及全面组织，管理公司的全部业务。

仓管部门下属有两个仓库：一是第一仓库，为产品仓库；二是第二仓库，为材料仓库。

生产部门下属有两个基本生产车间和两个辅助生产车间，其中基本生产车间是一车间纺纱车间和二车间织布车间，辅助生产车间是供电车间和供水车间。

2.1.3 会计人员及仓管人员的组成情况

会计人员组成情况：财务负责人张青、总账会计周晓晓、成本会计肖芳、往来款项会计刘国建、出纳罗杨、存货及固定资产会计张明、记账员向琴、记账凭证编制人员李玉。仓管人员组成情况：车间主管刘响、领料员张唯、第一仓库（产品仓库）发货部门经理肖成、第一仓库（产品仓库）销售经理王铭、第二仓库（材料仓库）保管部门主管王鑫、第二仓库（材料仓库）验收员李海、第二仓库（材料仓库）缴库员刘逸。会计人员业务分工如表 2-1 所示。

表 2-1 会计人员业务分工一览表

姓名	张青	周晓晓	肖芳	刘国建
业务分工	财务负责人	总账会计	成本会计	往来款项会计
个人印章	张青	周晓晓	肖芳	刘国建
姓名	罗杨	张明	向琴	李玉
业务分工	出纳	存货及固定资产会计	记账员	记账凭证编制
个人印章	罗杨	张明	向琴	李玉

2.1.4 财务相关资料

1. 开户银行及账号

中国银行湖北支行，账号：818456835493257。
建设银行湖北支行，账号：6225880277085164。

2. 银行预留印鉴

中国银行和招商银行的开户行预留的印鉴相同，如下所示。

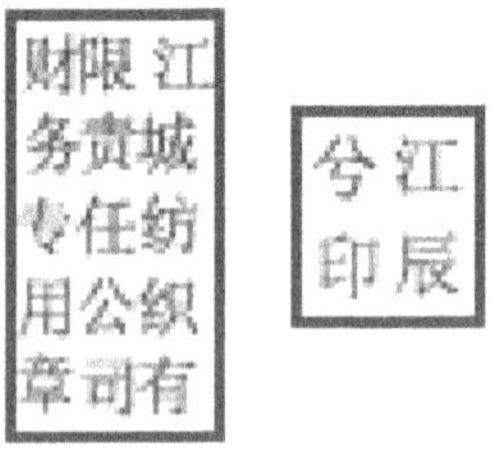

3. 纳税资料

该公司税务专管局是武汉市工商税务管理局硚口分局。纳税人识别号：420104300025065。

2.2 企业的生产情况与会计政策

2.2.1 企业的生产情况

基本生产车间：纺纱车间、织布车间。
辅助生产车间：供电车间、供水车间。
自制半成品：经纱、纬纱。
产成品：棉布 150、棉布 230。
该公司有两个基本生产车间——纺纱车间和织布车间，由纺纱车间把原材料（棉花）

生产成自制半成品（经纱和纬纱），再由织布车间领用经纱和纬纱来生产成产成品（棉布），产成品棉布有两种规格——棉布 150 和棉布 230；该公司有两个辅助生产车间——供电车间和供水车间，负责基本生产车间的供电和供水。自制半成品及产成品生产流程如图 2-1 所示。

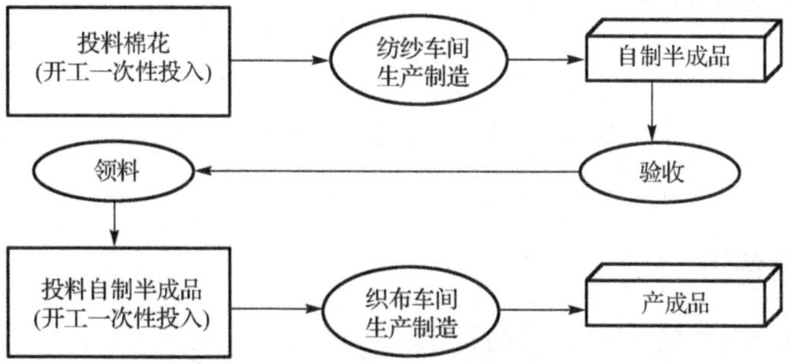

图 2-1 自制半成品及产成品生产流程

2.2.2 主要产品的具体工艺线路

纺纱车间的主要任务是将棉花经过多道工序加工制成棉纱。纺纱车间的主要工艺有清花、梳棉、精梳、并条、粗纱、细纱、络筒。

织布车间的主要任务是将棉纱经过多道工序加工制成棉布。织布车间的主要工艺有整经、浆纱、穿箝、织布、验布、修布。

2.2.3 企业有关的会计政策

1. 会计核算体制

实行一级核算制度，会计集中核算。

2. 账务处理程序

企业采用科目汇总表核算组织程序，一个月编制一次，按当月最后一天编制科目汇总表，并登记总账。

3. 记账凭证的分类

采用专用记账凭证，分为收款凭证、付款凭证和转账凭证三种类型，并各自顺序编号。

4. 坏账准备的计提

该企业的坏账准备计提使用余额百分比法，计提比率为 5%。

5. 存货的计价方法

原材料、低值易耗品、包装物按计划成本法计算；自制半成品、产成品的成本结转按照实际成本法计算。自制半成品由纺织车间完工验收后，由织布车间直接领用一次性投入生产。产成品发出时，采用月末一次加权平均法计算发出成本。

6. 低值易耗品的摊销

低值易耗品按一次摊销法核算，领用的低值易耗品成本按计划成本计算结转，月末统一计算材料成本差异。

7. 固定资产折旧的计提

固定资产折旧采用直线法。公司固定资产的残值率均为 3%；预计使用年限按固定资产分类预计，有 5 年、8 年、20 年三类；月折旧率为 0.42%～1.62%不等。每月的最后一天计提折旧。

8. 无形资产的摊销

每月月末最后一天摊销无形资产的价值。

9. 存货存盘

每年年末组织一次企业全面清查盘点工作。

10. 成本项目的设置

企业发生的各项生产费用按成本核算对象和成本项目分别归集。根据公司的情况，在“生产成本——基本生产成本——××产品”账户中设置“直接材料”、“直接人工”、“其他直接费用”和“制造费用”4 个成本项目；在“生产成本——辅助生产成本——××车间”账户中按发生的具体费用内容自行设置成本项目，如材料费、人工费、制造费用等。

11. 成本费用的归集与分配

（1）属于基本生产车间发生的直接材料（原料及主要材料的生产领用）、直接人工（车间生产工人工资）等费用直接计入相应的“产品生成明细账”（各个自制半产品和产成品的“生产成本——基本生产成本”账户）中的对应项目（“直接材料”、“直接人工”）。单位产品直接人工费用消耗定额如表 2-2 所示。

表 2-2 单位产品直接人工费用消耗定额表

产品	经纱（元/吨）	纬纱（元/吨）	棉布 150（元/百米）	棉布 230（元/百米）
单位产品消耗定额	1887.21	1418.04	78.53	100.64

（2）属于企业辅助生产车间为生产产品提供的动力等直接费用，先在“生产成本——辅助生产成本——供电车间”和“生产成本——辅助生产成本——供水车间”多栏式成本费用明细账中汇总、核算后，先采用“直接分配法”分配，再针对每一个基本生产车间采用定额比率法计算后，转入各“基本生产成本——其他直接费用”或“制造费用”。因为车间工艺用电尚需要按两种产品继续分配，进入基本生产成本；车间工艺用水作为一般消耗，不做进一步分配。单位产品水电费用消耗定额如表 2-3 所示。

表 2-3　单位产品水电费用消耗定额表

产品	经纱（度电/千克）	纬纱（度电/千克）	棉布 150（度电/米）	棉布 230（度电/米）
单位产品消耗定额	0.30	0.30	0.11	0.11

（3）其他间接费用先在“制造费用”账户汇集，在月度终了时，将所有费用按定额比率法进行分配，转入各“基本生产成本——其他直接费用”。

纺纱、织布车间的制造费用按照制造费用单位定额和本月计划产量分配，即：

$$分配率=\frac{某车间制造费用账户本月归集的发生额}{\sum(该车间各个产品本月计划产量\times该产品制造费用单位定额)}$$

该车间某产品应

分摊的制造费用=（该产品本月计划产量×该产品制造费用单位定额）×分配率

单位产品制造费用消耗定额如表 2-4 所示。

表 2-4　单位产品制造费用消耗定额表

产品	经纱（元/吨）	纬纱（元/吨）	棉布 150（元/百米）	棉布 230（元/百米）
单位产品消耗定额	745.80	563.20	21.50	25.50

（4）各项费用的分配采用定额比率法分摊，其中定额成本见“表 2-2 单位产品直接人工费用消耗定额表”、“表 2-3 单位产品水电费用消耗定额表”、“表 2-4 单位产品制造费用消耗定额表”。其计算方法为：

$$费用分配率=\frac{实际费用总额}{\sum(各个品种产品的产量\times各个品种产品的费用单位定额)}$$

12. 完工产品的成本计算

两个基本生产车间的四种成品，期末集中进行成本计算。根据公司生产组织、生产工艺、生产规模等特点，公司选用综合结转分步法计算产品成本，月末不要求进行成本还原。具体来说就是分纺纱和织布两步，依次计算每一生产步骤的半成品成本，并将上一生产步骤的半成品成本转入下一生产步骤计算表的“直接材料”成本项目栏内，计算出完工产品成本。

完工产品的成本计算使用约当产量法，即月末在产品按照约当产量和本月已经完工产品进行分配。纺纱车间的材料是一次性投入，直接材料完工比率为100%；其他（直接人工、其他直接费用和制造费用）的完工率按 50%计算。织布车间的自制半成品（经纱和纬纱）是一次性投入，完工比率为100%；其他（直接人工、其他直接费用和制造费用）的完工率按 50%计算。

13. 职工薪酬的计算

生产一线工人实行个人计件工资制度，车间管理人员及公司管理部门实行岗位、效益工资制度。按工资的 14%计提职工福利费。

14. 税金及教育费附加的计提

每月 4 日前交纳各种税款：增值税（17%）、城市建设维护税（7%）、教育费附加（3%）、所得税（25%）。

15. 所得税费用的核算

假设本模拟企业一直以来无任何纳税调整事项，即模拟月份的会计利润等于应纳税所得额。（《企业会计准则》规定，上市公司的所得税会计必须采用资产负债表债务法核算。由于所得税会计属于《高级财务会计》的内容，以前课程中并无涉及，此书为了简化，故假设无任何纳税调整事项。）

2.3 会计岗位设置及职责

企业设财务负责人 1 人（张青），具体领导管理本企业的会计工作，组织、计划工作，进行财务评价；审批费用支出凭证，审签财务报告，协调与上级或其他部门的关系。

企业设总账会计 1 人（周晓晓），主要负责登记和保管总账，编制资产负债表、利润表和现金流量表等，并负责管理会计凭证和各种报表。分析企业的财务状况和经营成果，编写财务状况说明书并进行财务预测和决策，为经营活动提供分析资料和决策依据。

企业设成本会计 1 人（肖芳），负责建立健全企业各项原始记录、消耗定额和计量检验的制度；制订各种费用、成本计划；加强各种成本和费用管理的基础工作；负责审核各项费用开支，并要正确计算产品成本，编制成本报表等。

企业设往来款项会计 1 名（刘国建），负责按照国家有关制度规定，对购销以外的应收应付、暂收暂付往来款项等建立必要的管理制度；做好往来款项的明细核算，正确使用会计科目，按规定设置必要的明细账，做到记账清楚、余额准确、账表相符，并按规定编制季、年度的债权债务方面的报表；定期进行其他应收款、其他应付款等账款的清查核对；对应收账款按规定的方法和比例计提坏账准备，当实际发生坏账损失时，冲减已提的坏账准备，充分体现会计的稳健性原则。

企业设存货及固定资产会计 1 名（张明），负责各种存货采购成本的核算、存货的明细核算和相关的往来结算，以及每月月末的存货清查盘点；负责固定资产相关科目的会计核算，包括登记和保管固定资产的明细账和固定资产卡片；负责制作固定资产、在建工程报表；参与固定资产清查工作。

企业设记账员 1 名（向琴），负责企业的记账凭证审核；负责除了上述的往来款项明细账、存货明细账和固定资产明细账以外的明细账的建账工作和账簿登记；负责纳税申报；负责会计档案的装订和保管工作。

企业设记账凭证编制人员 1 名（李玉），负责企业的原始凭证审核和记账凭证的编制工作。

企业设出纳 1 名（罗杨），主管现金收付和银行结算业务，登记现金和银行存款日记账，保管库存现金和各种有价证券，保管与其工作相关的印章、空白收据和空白支票。

2.4 企业主要客户及相关单位概况

2.4.1 企业主要原料供应商

企业主要原料供应商如下：

① 新疆农贸有限责任公司；

② 湖北长盛有限责任公司；

③ 武汉春雨农贸公司；

④ 武汉农副产品有限公司；

⑤ 武汉三洋批发有限公司；

⑥ 宜昌农贸有限责任公司。

2.4.2 企业主要设备供应商

企业主要设备供应商为武汉影佳信息技术有限责任公司。

2.4.3 企业主要客户

企业主要客户如下：

① 武汉市丰达有限公司；

② 上海市金纱有限公司；

③ 武汉市顺昌贸易有限公司；

④ 武汉小红帽服装有限公司；

⑤ 北京红太阳服装有限公司；

⑥ 浙江省绍兴大元纺织有限责任公司。

2.4.4 企业及往来单位概况

1. 江城纺织有限责任公司

纳税人识别号：420104300025065。地址：湖北武汉市硚口区建设大道 368 号。电话：027-83259427。中国银行湖北支行账号：818456835493257。招商银行账号：6225880277085164。

2. 浙江省绍兴大元纺织有限责任公司

纳税人识别号：330621741033010。地址：浙江省绍兴市中兴北路 550 号。电话：0575-88218827。中国农业银行绍兴支行账号：510101040017815。

3. 武汉三洋批发有限公司

纳税人识别号：420103877715443。地址：湖北省武汉市江汉路 152 号。电话：027-88645971。中国银行湖北支行账号：813416077608111562。

4. **湖北长盛有限责任公司**

纳税人识别号：420104177732985。地址：湖北省武汉市友谊大道 503 号。电话：027-82889746。中国工商银行湖北支行账号：5309001264367898。

5. **宜昌农贸有限责任公司**

纳税人识别号：420501179165963。地址：湖北省宜昌市航空路 93 号。电话：0717-6302016。中国农业银行湖北支行账号：5200831495167423。

6. **武汉影佳信息技术有限公司**

纳税人识别号：420106177574365。地址：湖北省武汉市珞瑜路 133 号。电话：027-86434792。中国银行湖北支行账号：5248658835874953。

7. **武汉自来水公司**

纳税人识别号：420104877682386。地址：湖北省武汉市盐湖大道 388 号。电话：027-83874043。中国工商银行账号：1187881698。

8. **湖南青山机械厂**

纳税人识别号：430102796876548。地址：湖南省长沙市朝阳街 89 号。电话：0731-84124026。中国银行湖南支行账号：6259053874035681。

9. **武汉市顺昌贸易有限公司**

纳税人识别号：420101707358564。地址：湖北省武汉市新村街 123 号。电话：027-84695612。中国工商银行湖北支行账号：5342270495024207。

10. **武汉供电局**

纳税人识别号：420104343611952。地址：湖北省武汉市解放大道 1529 号。电话：027-82414494。中国工商银行账号：5309001234567806。

11. **江西尚品物资有限责任公司**

纳税人识别号：620101148593326。地址：江西省南昌市台北路 223 号。电话：0791-87564913。中国建设银行南昌支行账号：615274379611422321。

12. **武汉市邮政局**

纳税人识别号：420101148556986。地址：湖北省武汉市金家墩汉口火车站邮政大楼。电话：027-85878666。

13. **武汉旭日精工轴承有限公司**

纳税人识别号：420101707355566。地址:湖北省武汉市汉口民意一路 46-6 号。电话：027-85868188。中国建设银行湖北支行账号：622775061556957。

14. 中国平安保险股份有限公司湖北分公司

纳税人识别号：420101707569863。地址：湖北省武汉市建设大道 625 号金华大厦 12 楼。电话：027-87586566。中国建设银行湖北支行账号：622775061556987。

15. 武汉天达公司

纳税人识别号：420101707567776。地址：湖北省武汉市和平大道 1278 附 13。电话：027-86309023。中国建设银行账号：622775061886667。

2.5 模拟企业采用的账务处理程序

本书采用科目汇总表账务处理程序。科目汇总表账务处理程序，又称记账凭证汇总表账务处理程序，是根据记账凭证定期汇总编制科目汇总表，并据以登记总分类账的一种账务处理程序。科目汇总表是根据记账凭证汇总而成的，这种会计核算程序的主要特点是：定期编制科目汇总表，并据此登记总分类账。

科目汇总表可以每月汇总一次，编制一张；也可以分旬汇总，每月编制三张。本次模拟实训时，每月汇总一次，按当月最后一天编制科目汇总表，并登记总账。

2.5.1 科目汇总表账务处理程序的步骤

科目汇总表账务处理程序的步骤可归纳如下：

① 根据原始凭证编制汇总原始凭证；

② 根据原始凭证或原始凭证汇总表编制收款凭证、付款凭证和转账凭证，或通用记账凭证；

③ 根据收款凭证和付款凭证，登记现金日记账和银行存款日记账；

④ 根据各种记账凭证并参考原始凭证或原始凭证汇总表，登记各种明细分类账；

⑤ 根据各种记账凭证编制科目汇总表；

⑥ 根据科目汇总表登记总分类账；

⑦ 期末，将现金日记账、银行存款日记账及各明细分类账的余额与总分类账中各相关账户的余额进行核对，并进行试算平衡；

⑧ 期末，根据总分类账和明细分类账编制会计报表。

科目汇总表账务处理程序如图 2-2 所示（图中的序号分别与基本步骤的序号对应）。

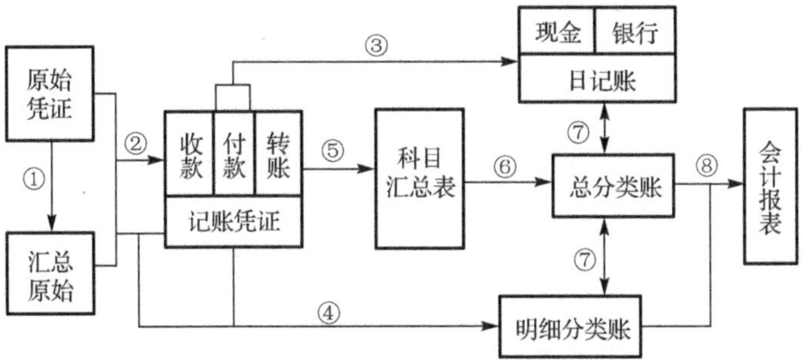

图 2-2 科目汇总表账务处理程序

2.5.2 科目汇总表账务处理程序的优缺点及适用范围

科目汇总表账务处理程序的优点是：由于科目汇总表会计核算程序是根据科目汇总表登记总账的，每一个总分类账户每月只登记一次或几次，对于经济业务量比较大、记账凭证较多的单位来说，就大大地减少了登记总分类账的工作量；科目汇总表汇总方法简单、操作方便，并可根据各账户本期借贷方发生额合计数试算平衡，检查记账凭证的填制和汇总是否正确。

科目汇总表账务处理程序的缺点是：由于科目汇总表只按科目进行汇总，不反映科目间的对应关系，不便于了解分析具体经济业务的来龙去脉，不利于查找错账；由于总分类账登记的是汇总数字，也看不出经济业务的内容，因而降低了总分类账所提供资料的可用性。

科目汇总表账务处理程序适用于规模大、经济业务频繁、记账凭证数量多的单位。

第 3 章

建 账 资 料

建账即建立账簿体系，是在新建企业时或原有企业在新年度开始时，会计人员根据核算工作的需要设置应用账簿，包括总分类账、日记账及明细分类账等。

3.1 建账所需要的相关资料

由于本模拟企业是有期初余额的，所以建立账簿时，还需要总账账户和明细分类账户的期初余额及其他相关的资料。

3.1.1 企业会计科目表

会计科目是按照经济业务的内容和经济管理的要求，对会计要素的具体内容进行分类核算的科目，称为会计科目。会计科目按其所提供信息的详细程度及其统驭关系不同，又分为总分类科目和明细分类科目，如“生产成本”和“生产成本——基本生产成本——纺纱车间——纬纱”。

本模拟企业使用到的会计科目（总账科目）如表 3-1 所示。

表 3-1 会计科目表

顺序号	编号	会计科目名称	顺序号	编号	会计科目名称
一、资产类					
1	1001	库存现金	16	1412	包装物
2	1002	银行存款	17	1413	低值易耗品
3	1015	其他货币资金	18	1461	存货跌价准备
4	1101	交易性金融资产	19	1521	持有至到期投资
5	1121	应收票据	20	1524	长期股权投资
6	1122	应收账款	21	1601	固定资产
7	1123	预付账款	22	1602	累计折旧
8	1131	应收股利	23	1603	固定资产减值准备
9	1132	应收利息	24	1604	在建工程
10	1231	其他应收款	25	1605	工程物资
11	1241	坏账准备	26	1606	固定资产清理
12	1401	材料采购	27	1701	无形资产
13	1403	原材料	28	1702	累计摊销
14	1404	材料成本差异	29	1703	无形资产减值准备
15	1406	库存商品	30	1901	待处理财产损溢

续表

顺序号	编号	会计科目名称	顺序号	编号	会计科目名称
二、负债类					
1	2001	短期借款	6	2221	应交税费
2	2201	应付票据	7	2232	应付利息
3	2202	应付账款	8	2241	其他应付款
4	2205	预收账款	9	2411	预计负债
5	2211	应付职工薪酬	10	2601	长期借款
三、所有者权益类					
1	4001	实收资本	4	4103	本年利润
2	4002	资本公积	5	4104	利润分配
3	4101	盈余公积			
四、成本类					
1	5001	生产成本	2	5101	制造费用
五、损益类					
1	6001	主营业务收入	8	6405	营业税金及附加
2	6051	其他业务收入	9	6601	销售费用
3	6101	公允价值变动损益	10	6602	管理费用
4	6111	投资收益	11	6603	财务费用
5	6301	营业外收入	12	6701	资产减值损失
6	6401	主营业务成本	13	6711	营业外支出
7	6402	其他业务成本	14	6801	所得税费用

3.1.2 总分类账户及所属明细分类账户期初余额

2011 年 12 月 1 日，江城纺织有限责任公司有关总分类账户及所属明细分类账户余额如下。

1. 总分类账户及所属明细分类账户期初余额

总分类账户及所属明细分类账户期初余额如表 3-2 所示。

表 3-2 总分类账户及所属明细分类账户期初余额

总分类账户	明细分类账户	借方余额	贷方余额	备注
一、资产类				
库存现金		**5 000**		
银行存款		**82 543 815.00**		
	中行账户	82 043 815.00		
	建行账户	500 000.00		
其他货币资金		**530 000**		
	存出投资款	500 000		
	外埠存款	30 000		
应收票据	武汉市丰达有限公司	**58 500**		
应收账款		**1 497 600**		
	上海市金纱有限公司	117 000		
	武汉市顺昌贸易有限公司	304 200		

续表

总分类账户	明细分类账户	借方余额	贷方余额	备注
	武汉小红帽服装有限公司	140 400		
	北京红太阳服装有限公司	936 000		
其他应收款		**9 500**		
	备用金——总经办	2 000		
	备用金——销售部	2 000		
	备用金——采购部	2 000		
	应收个人款——刘芳芳	1 500		
	应收个人款——张三	2 000		
坏账准备			**74 880**	
预付账款		**62 000**		
	武汉春雨农贸公司	60 000		
	财产保险费	2 000		①
物资采购	原料及主要材料——棉花	**2 610 000**		
原材料	见表 3-3	**600 850**		
包装物	见表 3-3	**154 400**		
低值易耗品	见表 3-3	**22 200**		
材料成本差异	见表 3-4	**10 588**		
库存商品	见表 3-3	**34 532 400**		
长期股权投资	上海宝钢——投资成本	**20 000 000**		②
固定资产	见表 3-7	**12 076 000**		
累计折旧	见表 3-7		**1 277 709.20**	
工程物资	见表 3-6	**140 000**		
在建工程	新厂房	**3 200 000**		
无形资产	专利权	**600 000**		③
累计摊销	专利权		**235 000**	
二、负债类				
短期借款	中国银行流动资金贷款		**10 000 000**	④
应付票据	武汉农副产品有限公司		**140 400**	
应付账款			**3 287 700**	
	新疆农贸有限责任公司		3 053 700	
	湖北长盛有限责任公司		234 000	
应付利息			**1 033 333.37**	
	短期借款利息		300 000	⑤
	建行长期借款利息		733 333.37	⑥
应交税费			**880 352**	
	未交增值税		800 320	
	应交城建税		56 022	
	应交营业税			
	应交所得税			
	教育费附加		24 010	

续表

总分类账户	明细分类账户	借方余额	贷方余额	备注
长期借款	建设银行三年期基建用贷款		**10 000 000**	⑦
三、所有者权益类账户				
实收资本			**30 000 000**	
资本公积	一般资本公积金		**810 560**	
盈余公积			**5 290 020**	
	法定公积金		3 250 020	
	任意公积金		2 040 000	
利润分配	未分配利润		**4 821 938.43**	
本年利润			**99 243 283.00**	
四、成本费用类				
生产成本	见表 3-5	**8 442 323**		

备注：

① 2011 年全年保险费，共计 24 000 元。

② 100 000 股，按成本法核算。

③ 2008 年 1 月入账，按 10 年摊。

④ 2011 年 6 月 1 日借入，年利率 6%，一年到期还本付息。

⑤ 6 个月的利息。

⑥ 11 个月的利息。

⑦ 2011 年 1 月 1 日借入，年利率 8%，到期一次还本付息。

2. 存货明细账期初余额

存货（包括原材料、包装物、低值易耗品和库存商品）明细分类账户期初余额如表 3-3 所示。

表 3-3 存货明细分类账户期初余额

存货		规格	期初余额			
			单位	数量	计划单价	金额（元）
原料及主要材料	棉花		千克	20 690.00	15.00	310 350.00
辅助材料	浆料	淀粉	千克	500.00	2.00	1 000.00
		HB402	千克	3 000.00	20.00	60 000.00
燃料	汽油	90#	升	5 000.00	10.00	50 000.00
其他材料	胶圈	637×28×0.9	个	100 000.00	0.60	60 000.00
	轴承	SL-6819A	个	3 000.00	5.00	15 000.00
		203#	套	1 500.00	8.00	12 000.00
	钢筘	75#	片	50.00	250.00	12 500.00
	棕丝	6#	支	80 000.00	1.00	80 000.00
原材料小计						600 850.00
包装物	内膜袋	1#	个	20 000.00	0.10	2 000.00
	编织袋	1#	条	3 000.00	2.00	6 000.00
	纸管	1#	个	2 000.00	0.50	1 000.00
	包套	2#	个	15 000.00	7.00	105 000.00

续表

存货		规格		期初余额		
			单位	数量	计划单价	金额（元）
包装物	麻绳		千克	5 000.00	7.00	35 000.00
	缝包线		千克	18 000.00	0.30	5 400.00
	包装物小计					154 400.00
低值易耗品	手套		双	600.00	12.00	7 200.00
	工作服		套	300.00	50.00	15 000.00
	低值易耗品小计					22 200.00
库存商品	棉布	150	米	3 260 000	6.24	20 342 400.00
	棉布	230	米	2 200 000	6.45	14 190 000.00
	库存商品小计			5 460 000		34 532 400.00

3. 材料成本差异明细账户期初余额

材料成本差异按照存货大类（原料及主要材料、辅助材料、燃料、其他材料、包装物、低值易耗品）计算材料成本差异，设置明细分类账户进行核算。材料成本差异明细账户期初余额如表 3-4 所示。

表 3-4 材料成本差异明细账户期初余额

总分类账户名称	明细账户名称	期初余额（借）
材料成本差异	原料及主要材料	3 211.00
	辅助材料	563.00
	燃料	314.00
	其他材料	5 500.00
	包装物	1 200.00
	低值易耗品	–200.00
合计		**10 588.00**

4. 生产成本明细账户期初余额

生产成本明细账户期初余额如表 3-5 所示。

表 3-5 生产成本明细账户期初余额

	产品	直接材料	直接人工	其他直接费用	制造费用	合计
生产成本——基本生产成本	经纱	1 480 920.00	215 250.00	25 830.00	86 100.00	1 808 100.00
	纬纱	842 894.50	74 227.50	16 495.00	29 691.00	963 308.00
	棉布 150	2 463 560.00	235 610.00	56 400.00	106 400.00	2 861 970.00
	棉布 230	2 457 667.00	201 234.00	51 110.00	98 934.00	2 808 945.00
合计		7 245 041.50	726 321.50	149 835.00	321 125.00	**8 442 323.00**

5. 工程物资明细账户期初余额

工程物资明细账户期初余额如表 3-6 所示。

表 3-6　工程物资明细账户期初余额

总分类账户	明细分类账户	数量（吨）	单价	金额
工程物资	钢材	5	20 000.00	100 000.00
	水泥	10	4 000.00	40 000.00
小　计				**140 000.00**

6. 固定资产明细账户期初余额

固定资产明细账户期初余额，如表 3-7 所示。

表 3-7　固定资产明细账户期初余额

类别	使用部门	品名	单位	数量	单价	原始金额	残值率	预计使用时间	月折旧率（%）	入账时间	累计已提折旧	账面价值
生产设备	纺纱车间	A 设备	台	8	200 000	1 600 000	3%	8	1.01	2009-8-6	258 560.00	1 341 440.00
		B 设备	台	6	250 000	1 500 000	3%	8	1.01	2009-8-6	242 400.00	1 257 600.00
	织布车间	C 设备	台	6	86 000	516 000	3%	8	1.01	2009-8-6	83 385.60	432 614.40
		D 设备	台	6	74 000	444 000	3%	8	1.01	2009-8-6	71 750.40	372 249.60
	小　计					4 060 000					656 096.00	3 403 904.00
房屋	纺纱车间	一号厂房	栋	1	2 300 000	2 300 000	0	20	0.42	2009-8-1	154 560.00	2 145 440.00
	织布车间	二号厂房	栋	1	800 000	800 000	0	20	0.42	2009-8-1	53 760.00	746 240.00
	公司管理部门	办公大楼	栋	1	3 980 000	3 980 000	0	20	0.42	2009-8-1	267 456.00	3 712 544.00
		仓库	栋	1	200 000	200 000	0	20	0.42	2009-8-1	13 440.00	186 560.00
	小　计					7 280 000					489 216.00	6 790 784.00
办公设备	公司管理部门	联想笔记本电脑	台	10	5 000	50 000	3%	5	1.62	2010-3-6	7 290.00	42 710.00
		联想台式电脑	组	20	3 500	70 000	3%	5	1.62	2009-8-7	18 144.00	51 856.00
		打印机	台	8	3 000	24 000	3%	5	1.62	2009-8-7	6 220.80	17 779.20
		复印机	台	2	26 000	52 000	3%	5	1.62	2009-8-7	13 478.40	38 521.60
		东风轿车	辆	3	180 000	540 000	3%	8	1.01	2009-8-1	87 264.00	452 736.00
	小　计					736 000					132 397.20	603 602.80
合　计						12 076 000					1 277 709.20	10 798 290.80

3.1.3　期初在产品成本及产量记录

1. 期初在产品成本及产量记录

（1）纺纱车间

棉纱——纬纱：

期初在产品数量为 82 475 千克，单位成本 11.68 元/千克；

本期投入原材料 320 000 千克，计划成本 4 800 000 元；

期末在产品数量为 82 935 千克；

完工产品产量为 310 840 千克。

棉纱——经纱：

期初在产品数量为 172 200 千克，单位成本 10.50 元/千克；

本期投入原材料 430 000 千克，计划成本 6 450 000 元；

期末在产品数量为 173 010 千克；

完工产品产量为 420 560 千克。

（2）织布车间

棉布的期初在产品数量及成本、本期企业计划投产量，如表 3-8 所示。

表 3-8 织布车间期初在产品成本及产量记录表

产品名称	本月计划产量（米）	原料名称	期初结存			本期投入		
			数量（千克）	单价（元/千克）	金额（元）	数量（千克）	单价（元/千克）	金额（元）
棉布 150	1 200 000	经纱	73 800	22	1 623 600	190 000	17.06	
		纬纱	36 520	23	839 960	160 840	17.30	
小　计			110 320		2 463 560	350 840		
棉布 230	1 450 000	经纱	77 600	22	1 707 200	230 560	17.06	
		纬纱	32 629	23	750 467	150 000	17.30	
小　计			110 229		2 457 667	380 560		
产品名称	本月计划产量（米）		本月完工产品			本期期末在产品		
			产量（米）	单价（元/米）	金额（元）	产量（米）	单价（元/米）	金额（元）
棉布 150	1 200 000		1 150 000			420 000		
棉布 230	1 450 000		1 350 000			300 000		
小　计								

2. 2011 年 12 月企业计划投产量表

江城纺织有限责任公司 2011 年 12 月企业计划投产量，如表 3-9 所示。

表 3-9 2011 年 12 月企业计划投产量表

产品	经纱（千克）	纬纱（千克）	棉布 150（米）	棉布 230（米）
计划产量	420 000	310 000	1 200 000	1 450 000

3.1.4 财务报表期初数据

1. 2011 年 1 月 1 日资产负债表年初数据

2011 年 1 月 1 日资产负债表年初数据如表 3-10 所示。

表 3-10 资产负债表年初数据

总分类账户	明细分类账户	借方余额	贷方余额
一、资产类			
库存现金		**5 000**	
银行存款		**2 400 000**	

续表

总分类账户	明细分类账户	借方余额	贷方余额
	中行账户	1 800 000	
	建行账户	600 000	
其他货币资金	外埠存款	**500 000**	
应收票据		**800 000**	
	武汉三羊有限责任公司	500 000	
	湖北友和有限责任公司	300 000	
应收账款		**819 000**	
	上海市金纱有限公司	234 000	
	北京红太阳服装有限公司	585 000	
其他应收款		**9 000**	
	备用金——总经办	2 000	
	备用金——销售部	2 000	
	备用金——采购部	2 000	
	应收个人款——王兰	3 000	
坏账准备			**40 950**
预付账款		**71 200**	
	武汉春雨农贸公司	70 000	
	报纸、杂志费	1 200	
物资采购	原料及主要材料——棉花	**800 000**	
原材料		**2 000 000**	
包装物		**180 000**	
低值易耗品		**25 000**	
材料成本差异		**11 600**	
库存商品		**22 630 000**	
长期股权投资	上海宝钢——投资成本	**200 000**	100 000股，成本法
固定资产		**11 055 000**	
累计折旧			**810 500**
工程物资		**200 000**	
在建工程		**2 200 000**	
无形资产	专利权	**600 000**	
累计摊销	专利权		**180 000**
二、负债类			
短期借款	中国银行流动资金贷款		**1 000 000**
应付票据	武汉农副产品有限公司		**117 000**
应付账款			**1 356 000**
	新疆农贸有限责任公司		791 000
	湖北长盛有限责任公司		565 000
应付利息			**540 000**
	短期借款利息		40 000
	建行长期借款利息		500 000

续表

总分类账户	明细分类账户	借方余额	贷方余额
应交税费			**582 000**
	未交增值税		120 000
	应交城建税		3 600
	应交所得税		450 000
	教育费附加		8 400
长期借款			**10 000 000**
三、所有者权益类账户			
实收资本			**30 000 000**
资本公积	一般资本公积金		**810 560**
盈余公积			**5 290 020**
	法定公积金		3 250 020
	任意公积金		2 040 000
利润分配	未分配利润		**3 106 000.00**
四、成本费用类			
生产成本		**9 327 230**	

2. 损益类账户累计发生额

损益类账户累计发生额如表 3-11 所示。

表 3-11　损益类账户累计发生额

（2011 年 1 月-11 月）　　单位：元

项目	行次	累计发生额
一、营业收入	1	506 410 000.00
减：营业成本	2	309 700 000.00
营业税金及附加	3	24 802 300.00
销售费用	4	7 911 000.00
管理费用	5	12 849 000.00
财务费用	6	415 900.00
资产减值损失	7	1 188 200.00
加：公允价值变动收益（损失以“–”号填列）	8	–200 850.00
投资收益（损失以“–”号填列）	9	490 173.00
其中：对联营企业和合营企业的投资收益	10	0.00
其他业务利润		120 350.00
二、营业利润（亏损以“–”号填列）	11	**149 953 273.00**
加：营业外收入	12	263 440.00
减：营业外支出	13	538 230.00
其中：非流动资产处置损失	14	147 390.00
三、利润总额（亏损总额以“–”号填列）	15	**149 678 483.00**
减：所得税费用	16	50 435 200.00
四、净利润（净亏损以“–”号填列）	17	**99 243 283.00**

3.2 期初建账

在期初建账是会计核算基本操作流程的第一步，只有建立了新账，才能进行后期的记账、结账及会计报表的编制工作。

3.2.1 账簿的启用

企业开启新的账簿时，应在账簿的扉页即“启用表”上注明“单位名称”、“账簿名称”、“账簿编码”、“账簿页数”、“启用日期”，以及记账人员和会计主管人员姓名等内容（如图 3-1 所示），如“江城纺织有限责任公司”、“总分类账簿”、“2011 年总 1 册共 1 册”、“2011 年 12 月 1 日”等。记账人员或主管会计在本年度发生工作调动时，应如实填写“交接记录”，注明交接人员双方姓名及交接日期，并由交接双方签名或盖章。企业还应该购买印花税票并粘贴在此页的“印花税票占用处”上。

<table>
<tr><td colspan="13">账簿启用</td></tr>
<tr><td colspan="3">单位名称</td><td colspan="9"></td><td>单位盖章</td></tr>
<tr><td colspan="3">账簿名称</td><td colspan="9"></td><td rowspan="7"></td></tr>
<tr><td colspan="3">账簿编码</td><td colspan="9">年 总 册 第 册</td></tr>
<tr><td colspan="3">账簿页数</td><td colspan="9">本账簿共计 页 第 页</td></tr>
<tr><td colspan="3">启用日期</td><td colspan="9">年 月 日至 年 月 日</td></tr>
<tr><td rowspan="3">经管人员</td><td colspan="3">负责人</td><td colspan="3">主办会计</td><td colspan="3">记账</td><td colspan="2"></td></tr>
<tr><td>职别</td><td>姓名</td><td>盖章</td><td>职别</td><td>姓名</td><td>盖章</td><td>职别</td><td>姓名</td><td>盖章</td><td colspan="2"></td></tr>
<tr><td></td><td></td><td></td><td></td><td></td><td></td><td></td><td></td><td></td><td colspan="2"></td></tr>
<tr><td rowspan="6">交接记录</td><td rowspan="2">职别</td><td rowspan="2">姓名</td><td colspan="4">接管</td><td colspan="4">移交</td><td></td><td>印花税票占用处</td></tr>
<tr><td>年</td><td>月</td><td>日</td><td>盖章</td><td>年</td><td>月</td><td>日</td><td>盖章</td><td></td><td></td></tr>
<tr><td></td><td></td><td></td><td></td><td></td><td></td><td></td><td></td><td></td><td></td><td></td><td></td></tr>
<tr><td></td><td></td><td></td><td></td><td></td><td></td><td></td><td></td><td></td><td></td><td></td><td></td></tr>
<tr><td></td><td></td><td></td><td></td><td></td><td></td><td></td><td></td><td></td><td></td><td></td><td></td></tr>
<tr><td></td><td></td><td></td><td></td><td></td><td></td><td></td><td></td><td></td><td></td><td></td><td></td></tr>
</table>

图 3-1 账簿“启用表”

3.2.2 总分类账簿的建立

总分类账簿，简称总分类账、总账，是根据总分类账户（一级科目）开设的，可全面反映会计主体的经济活动情况，本模拟企业根据全月汇总数登记各总账账户的汇总金额，进行总括核算，为编制报表提供所需的资料。总分类账账本如图 3-2 所示。

图 3-2 总分类账账本

总分类账簿按照企业的总分类科目设置，每一个总分类科目对应一个总分类账户。只要是本企业用到的总分类科目，都要为其建立总分类账户，包括有期初余额的或本期有发生额的。可以参照“表3-1会计科目表”，按照会计科目的先后顺序在总账账页上建立总账账户，同时应将各总账账户的期初余额结转过来，如图 3-3 所示。

总 账

会计科目及编号名称：库存现金

2011年		记账凭证号数	摘要	页数	借方									贷方									借或贷	余额								
月	日				百	十	万	千	百	十	元	角	分	百	十	万	千	百	十	元	角	分		百	十	万	千	百	十	元	角	分
1	1		上年结转																				借				2	0	0	0	0	0

图 3-3　总账账页格式

3.2.3 日记账的建立

一切经济单位都应该设置现金日记账和银行存款日记账，用于序时核查现金和银行存款的收入、支出和结存情况。为了加强对货币资金的管理，维护货币资金的安全和完整，现金日记账和银行存款日记账必须采用定本式账簿，一般采用三栏式结构。

1. 现金日记账的建立

现金日记账是用来核算和监督库存现金每天的收入、支出和结存情况的账簿，一般采用三栏式结构。现金日记账账本如图 3-4 所示。

图 3-4　现金日记账账本

本企业的库存现金没有明细科目，所以只设置一本库存现金明细账即可。在现金日记账启用以后，在第 1 页账面上，结转上一会计期间的期末余额作为本次新账的期初余额，如图 3-5 所示。

现金日记账

2011年		记账凭证号数	摘要	对方科目	页数	借方									贷方									借或贷	余额									
月	日					百	十	万	千	百	十	元	角	分	百	十	万	千	百	十	元	角	分		千	百	十	万	千	百	十	元	角	分
12	1		期初余额																					借					5	0	0	0	0	0

图 3-5　现金日记账账页格式

2. 银行存款日记账的建立

银行存款日记账是用来核算和监督银行存款每日的收入、支出和结余情况的账簿。银行存款日记账按企业在各银行开立的账户和币种分别设置，每个银行账户设置一本日记账。银行存款日记账账本如图 3-6 所示。

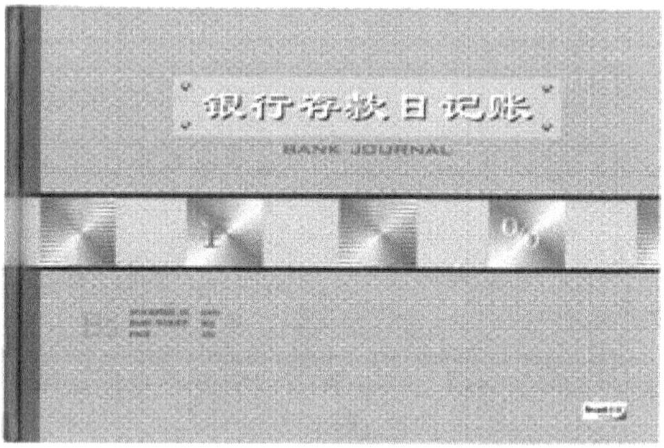

图 3-6　银行存款日记账账本

本企业的“银行存款”有两个明细账户，则应该分别为其建立日记账，即应该建立两本银行存款日记账。在账簿启用以后，在每一本银行存款日记账的第 1 页账页上面，结转上一会计期间的期末余额，如图 3-7、图 3-8 所示。

银行存款日记账

户名：中国银行湖北支行　　　　账号：818456835493257

2011年		记账凭证号数	摘要	对方科目	页数	借方									贷方									借或贷	余额									
月	日					百	十	万	千	百	十	元	角	分	百	十	万	千	百	十	元	角	分		千	百	十	万	千	百	十	元	角	分
12	1		期初余额																						8	2	0	4	3	8	1	5	0	0

图 3-7　“银行存款——中行存款”日记账账页格式

银行存款日记账

户名：中国建设银行湖北支行　　　　账号：6225880277085164

2011年		记账凭证号数	摘要	对方科目	页数	借方									贷方									借或贷	余额									
月	日					百	十	万	千	百	十	元	角	分	百	十	万	千	百	十	元	角	分		千	百	十	万	千	百	十	元	角	分
12	1		期初余额																								5	0	0	0	0	0	0	0

图 3-8 “银行存款——建行存款”日记账账页格式

3.2.4 明细账的建立

明细分类账簿，简称明细账，是根据二级账户或明细账户开设，分类、连续地登记经济业务以提供明细核算资料的账簿。明细分类账是总分类账的明细记录，反映某一具体类别（总账科目）经济活动情况的账簿，对总账起补充说明的作用。它是编制会计报表的重要依据。明细账一般有三栏式、数量金额式、多栏式，属于活页账。

1. 三栏式明细账的建立

三栏式明细分类账账页，只设有借方、贷方和余额三个金额栏，不设置数量栏。三栏式明细分类账适用于只需要反映金额的业务，如应收账款、应付账款等不需要进行数量核算的债权、债务结算账户。一般地，企业里除了使用数量金额式账页（反映存货）、多栏式账页（反映成本费用）、固定资产明细账账页（反映固定资产）、增值税账页（反映增值税）、物资采购账页（反映在途物资）等明细科目之外，均可以采用三栏式账页。

按照科目顺序，把需要开设在三栏式账页的所有明细科目的科目名称填写在各个账页的“科目名称”位置，并结转上一会计期间的期初余额，如图 3-9 所示。

总目：其他货币资金
子目：存出投资款

2011年		记账凭证号数	摘要	页数	借方									贷方									借或贷	余额									
月	日				百	十	万	千	百	十	元	角	分	百	十	万	千	百	十	元	角	分		千	百	十	万	千	百	十	元	角	分
12	1		期初余额																							5	0	0	0	0	0	0	0

图 3-9 “其他货币资金——存出投资款”三栏式明细账的建账

2. 数量金额式明细账的建立

数量金额式明细账分类账页，分别设有借方、贷方和余额三栏，并在借方、贷方和余额下面均设有数量、单价和金额栏。这种格式适用于既要进行金额核算，又要进行实物数量核算的各种财产物资账户，如原材料、库存商品等账户的明细分类核算，如图 3-10 所示。

原材料　明细账

存货仓名：原材料仓库　　规格：______　　单位：千克　　类别：原料及主要材料

2011年		记账凭证号数	摘要	借方											贷方											余额										
				数量	单价	金额									数量	单价	金额									数量	单价	金额								
月	日					百	十	万	千	百	十	元	角	分			百	十	万	千	百	十	元	角	分			百	十	万	千	百	十	元	角	分
12	1		期初余额																							20690.00	15.00		3	1	0	3	5	0	0	0

图 3-10 “原材料——原料及主要材料——某材料”数量金额式明细账的建账

3. 多栏式明细账的建立

多栏式明细分类账，是根据经济业务的特点和经营管理的需要，在一张账页内按有关明细科目或明细项目分设若干专栏，在同一张账页上集中反映各有关明细科目或明细项目的明细核算资料，如将管理费用的工资、办公费、差旅费、工会费、业务费等分多栏登记在一张账页上。多栏式明细分类账一般用来核算成本费用类等明细账户。

（1）基本生产成本的建账

本模拟企业有四个基本生产成本账户，分别是“生产成本——基本生产成本——纺织车间——经纱”、“生产成本——基本生产成本——纺织车间——纬纱”、“生产成本——基本生产成本——织布车间——棉布 150”、“生产成本——基本生产成本——织布车间——棉布 230”。每个基本生产账户均应按照成本项目进行明细核算，成本项目有“直接材料”、“直接人工”、“其他直接费用”、“制造费用”四个。

在建立基本生产成本的多栏式明细账时，应该在账页上填写明细科目名称、建账日期、摘要、期初总余额及各个成本项目里的期初余额，分别为“生产成本——基本生产成本——纺织车间——经纱”、2011 年 12 月 1 日、期初余额（每年 1 月 1 日建新账时，摘要应该是“上年结转”）、总期初余额和成本项目明细期初余额。以“生产成本——基本生产成本——纺织车间——经纱”为例，如图 3-11 所示。

生产成本——基本生产成本——纺纱车间——经纱明细账

2011年		凭证		摘要	借方	贷方	余额				
月	日	种类	号数					直接材料	直接人工	其他直接费用	制造费用
12	1			期初余额			1 808 100.00	1 480 920.00	215 250.00	25 830.00	86 100.00

图 3-11 “生产成本——基本生产成本——纺织车间——经纱”多栏式明细账的建账

（2）其他多栏式明细账的建账

除了基本生产成本以外，“生产成本——辅助生产成本——某辅助车间”、“制造费用——某基本生产车间”、“管理费用”、“销售费用”、“财务费用”及其他需要进行明细核算的损益类账户，也可以建立在多栏式明细账中；如果不需要进行明细项目核算，也可以建立在三栏式明细账中。由于上述多栏式明细账没有期初余额，所以只需在账页上写上明细科目名称即可，或者在记账时同时建账。

上述各明细账户多栏式明细账可以参考“第 5 章 记账”中的内容。

第 4 章

会计凭证的填制

会计凭证是用来接收、记录经济业务发生的全部数据，以明确经济责任，并作为登记账簿依据的书面证明文件。会计凭证按照其用途可以分为原始凭证和记账凭证两种。

4.1 原始凭证

原始凭证又称单据，是在经济业务发生或完成时取得或填制的，用以记录或证明经济业务的发生或完成情况的文字凭据。凭据有外来的（如购货的发票），有自制的（如领料单等），称为原始凭证。任何单位在办理经济业务时，都要由经办人员或有关部门填制或取得能证明经济业务的内容、数量、金额的凭证。

本书中所有的原始凭证见本书附录。

4.1.1 原始凭证的内容

经济业务的内容是多种多样的，记录这些业务的原始凭证的名称、内容和格式也是各不相同。归纳起来，作为记账凭证依据的原始凭证，必须包括以下一些基本要素：

① 原始凭证名称；

② 填制原始凭证的日期；

③ 接受原始凭证的单位名称；

④ 经济业务内容（含数量、单价、金额等）；

⑤ 填制单位签章；

⑥ 有关人员签章；

⑦ 凭证附件。

4.1.2 原始凭证的种类

原始凭证按其来源，可分为外来凭证和自制凭证。

1. 外来凭证

外来凭证是在交易和事项完成时从其他单位或个人取得的原始凭证，如购货增值税发票。本书附录中的外来原始凭证内容齐全，不需要填写完整。

2. 自制凭证

自制凭证是由本单位的经办人员，在执行或完成某项交易或事项时所填制的原始凭证。如发料凭证汇总表，如表 4-1 所示。

表 4-1　发料凭证汇总表

单位：元

项目	甲材料	乙材料	合计
生产产品耗用：			
A 产品	30 450	4 050	34 500
B 产品	8 120	8 100	16 220
车间一般耗用	4 060	4 050	8 110
厂部一般耗用	1 015	2 025	3 040
合计	43 645	18 225	61 870

4.1.3　本次实训需要填制的原始凭证

本次实训中的部分原始凭证已经填制完成，无须实训者填制。但模拟月份月末的结转原始凭证，是期末的调整结转分录所需要的原始凭证，是需要由财会人员计算并自制的，所以实训者需自己计算填列完成，并在“填制人”和“制表时间”处签字。

在填列期末的自制原始凭证之前，必须保证前面的记账凭证已经完成日记账和明细分类账的登账过程，并结算出余额。因为此处需要相应的明细分类账中的发生额或余额。

4.1.4　原始凭证的审核

由实训者填制完成的自制原始凭证，需要稽核人员审核，稽核人员和填制人员不能是同一人。只有经过审核的原始凭证才能进行会计处理，审核的内容包括真实性、合法性、合理性、完整性、正确性、及时性，但在本次模拟实训中稽核人员主要是对自制凭证的完整性和正确性进行审核，即审核原始凭证上的各项基本要素是否齐全及内容的填写是否规范和正确。稽核无误的原始凭证，由稽核人员在“审核人”处签字。

4.2　记账凭证

记账凭证又称记账凭单，是会计分录的载体，是用来登记账簿的凭证。它介于原始凭证与账簿之间，是登记账簿的直接依据。记账凭证可以方便登记账簿，减少差错，保证账簿记录的质量。在使用汇总数据时，还可以减少记账工作量。

4.2.1　记账凭证的填写

记账凭证可以根据一张原始凭证直接编制，也可以根据同类业务的汇总表编制，如材料发出汇总表等。本书采用专用记账凭证，分为收款凭证、付款凭证和转账凭证三种类型。

1. 收款凭证的填写

收款凭证是用来记录库存现金和银行存款收入业务的记账凭证，根据现金和银行存款收入业务的原始凭证填制。

例 4.1：2010 年 12 月 1 日，恒兴公司收到股东追加投入资本 100 万元，用于扩大经营，款项已通过银行收取。

借：银行存款——中行　　　　　1 000 000

　贷：实收资本——杨光　　　　　1 000 000

所做收款凭证如图 4-1 所示。

收　款　凭　证

借方科目：银行存款一中行　　　　2010年 12 月 1日　　　　收 字第 1 号

摘　要	贷方科目		金额											记账
	总账科目	明细科目	亿	千	百	十	万	千	百	十	元	角	分	
收到股东投资款	实收资本	杨光			1	0	0	0	0	0	0	0	0	
合　　　计				¥	1	0	0	0	0	0	0	0	0	

附单据 1 张

会计主管：刘玉　　记账：周芳　　出纳：张三　　复核：李兰　　制单：王明

图 4-1　收款凭证

凭证的填写内容：选择借方科目“银行存款——中行”；时间为该记账凭证的填制时间“2010 年 12 月 1 日”；右上角凭证编号为“收字第 1 号”；摘要的内容是对经济业务的简要的描述，即“收到股东投资款”，摘要应简明扼要；贷方科目是说明现金或银行存款增加的原因，即“实收资本——杨光”；金额为贷方科目发生额，即 1 000 000；附单据张数是说明记账凭证后附原始凭证的张数，即“1”（此例中后附进账单一张）；合计栏是贷方发生金额合计数，在合计数的前面要加人民币符号“¥”；凭证填写完，制单人应在“制单”处签字，并且在凭证传递过程中的其他人员如复核人、出纳、记账、主管也应该签字。

2. 付款凭证的填写

付款凭证是用来记录现金和银行存款付出业务的记账凭证，根据现金和银行存款支付业务的原始凭证填制。收款凭证与付款凭证是登记现金与银行存款日记账的依据。对于从银行提取现金或将现金存入银行的业务，既是收款业务也是支付业务，为避免重复登记，统一规定为付款业务，使用付款凭证记录。

例 4.2：2010 年 12 月 1 日，恒兴公司续租营业店面，租期 5 年，先预付 6 个月的租金 20 000 元，并于当日用中国银行存款支付租金。

借：长期待摊费用——房租　　　　20 000

　贷：银行存款——中行　　　　　　20 000

根据上述经济业务编制付款凭证，如图 4-2 所示。

3. 转账凭证的填写

凡不涉及现金和银行存款业务的凭证，称为转账凭证。转账凭证的借方和贷方科目均在表内填写。

付 款 凭 证

贷方科目：银行存款—中行　　　　2010年 12 月1 日　　　　付 字第 1 号

摘要	借方科目		金额											记账	附单据1张
	总账科目	明细科目	亿	千	百	十	万	千	百	十	元	角	分		
支付两年房租	长期待摊费用	房租					2	0	0	0	0	0	0		
合	计					¥	2	0	0	0	0	0	0		

会计主管：刘玉　　记账：周芳　　出纳：张三　　复核：李兰　　制单：王明

图 4-2　付款凭证

例 4.3：2010 年 12 月 5 日，向文华大学销售乒乓球、羽毛球等器材 117 000 元，货款分两次支付，本月 20 日支付一半，下月 5 日支付另一半。

借：应收账款——文华大学　　　　　117 000

　贷：主营业务收入　　　　　　　　　100 000

　　　应交税费——应交增值税（销项税）　17 000

根据上述经济业务编制转账凭证，如图 4-3 所示。

转 账 凭 证

2010年12月5日　　　　转字第 1 号

摘要	总账科目	明细科目	借方										贷方										记账符号	附单据3张
			千	百	十	万	千	百	十	元	角	分	千	百	十	万	千	百	十	元	角	分		
赊销运动器具	应收账款	文华大学			1	1	7	0	0	0	0	0												
	主营业务收入														1	0	0	0	0	0	0	0		
	应交税费	应交增值税（销）														1	7	0	0	0	0	0		
合	计			¥	1	1	7	0	0	0	0	0		¥	1	1	7	0	0	0	0	0		

会计主管：刘玉　　记账：周芳　　出纳：张三　　复核：李兰　　制单：王明

图 4-3　转账凭证

除了期末的结账和更正错误的凭证外，所有凭证都要求后附原始凭证，并对所有的凭证分收款、付款及转账凭证进行连续编号，以保证经济业务记录的完整性。如果一笔经济业务需要一张以上的凭证填写时，可采用分数编号法。例如，有一笔业务是当期转账凭证第 5 号，需要两张空白凭证填写，则第一张和第二张记账凭证上的凭证编号分别为：转字第 $5\frac{1}{2}$ 号、转字第 $5\frac{2}{2}$ 号；如有 3 张，则为转字第 $5\frac{1}{3}$ 号、转字第 $5\frac{2}{3}$ 号、转字第 $5\frac{3}{3}$ 号，以此类推。

4.2.2　记账凭证的审核

为保证账簿记录的正确性，除了应当正确填制记账凭证外，还应对记账凭证进行审核，审核内容如下。

1. 完整性审核

审核记账凭证的内容是否填写完整，如日期、凭证编号、摘要、会计科目、金额、所附原始凭证张数及经办人员签章等。

2. 真实性审核

审核所附原始凭证是否真实、合法。原始凭证是记账凭证的凭据，也是审核记账凭证的主要内容。

3. 正确性审核

审核所填会计科目与金额是否正确，是否与原始凭证所反映的经济内容相符。记账凭证汇总计算的金额是否与原始凭证相符。

4. 规范性审核

审核记账凭证的书写是否规范。要求文字工整、数字清晰，使用蓝黑或碳素墨水。

只有经过审核无误后的记账凭证才能据以登记账簿。审核中若发现差错，应查明原因并采用正确的方法更正。

4.3 日常经济业务分析

2011 年 12 月的日常经济业务内容及业务分析如下。以下业务会计凭证见附录。

业务 1：2011 年 12 月 1 日，上月从新疆农贸有限责任公司购买的一批棉花，已验收入库。

借：原材料——原料及主要材料——棉花　　2 700 000

　贷：物资采购——原料及主要材料——棉花　　2 610 000

　　　材料成本差异——原料及主要材料　　90 000

业务 2：2011 年 12 月 2 日，纺纱车间领用一批棉花。

借：生产成本——基本生产成本——纬纱（直接材料）　　750 000

　　　　　——基本生产成本——经纱（直接材料）　　1 500 000

　贷：原材料——原料及主要材料——棉花　　2 250 000

业务 3：2011 年 12 月 2 日，收到北京红太阳服装有限公司欠款 936 000 元。

借：银行存款——中行账户　　936 000

　贷：应收账款——北京红太阳服装有限公司　　936 000

业务 4：2011 年 12 月 3 日，职工张三出差回来，报销差旅费共计 2 350 元。

借：管理费用——差旅费　　2 350

　贷：其他应收款——张三　　2 000

　　　库存现金　　350

业务 5：2011 年 12 月 3 日，销售一批货物，价款总计 12 870 000 元已经收存银行。

借：银行存款——中行账户　　12 870 000

贷：主营业务收入——棉布 150　　5 000 000

——棉布 230　　6 000 000

应交税费——应交增值税（销项税额）　　1 870 000

业务 6：2011 年 12 月 4 日，收到应收票据（武汉市丰达有限公司）承兑款项 58 500 元。

借：银行存款——中行账户　　58 500

贷：应收票据——武汉市丰达有限公司　　58 500

业务 7：2011 年 12 月 4 日，从武汉三洋批发有限公司采购一批材料，材料已经验收入库，用银行存款转账支票已经支付。

借：物资采购——辅助材料　　4 200

——其他材料　　131 500

——包装物　　13 500

应交税费——应交增值税（进项税）　　25 364

贷：银行存款——中行账户　　174 564

借：财务费用——手续费　　50

贷：银行存款——中行账户　　50

借：原材料——辅助材料　　4 000

——其他材料　　125 000

包装物——纸管　　15 000

材料成本差异——辅助材料　　200

——其他材料　　6500

贷：物资采购——辅助材料　　4 200

——其他材料　　131 500

——包装物　　13 500

材料成本差异——包装物　　1 500

业务 8：2011 年 12 月 5 日，收到湖北长盛有限责任公司的一批棉花，货物与发票同时到达。货物已经验收入库，货款未付。

借：物资采购——原料及主要材料——棉花　　6 400 000

应交税费——应交增值税（进项税）　　832 000

贷：应付账款——湖北长盛有限责任公司　　7 232 000

借：原材料——原料及主要材料——棉花　　6 000 000

材料成本差异——原料及主要材料　　400 000

贷：物资采购——原料及主要材料——棉花　　6 400 000

业务 9：2011 年 12 月 5 日，应付票据到期兑现，支付武汉农副产品有限公司 140 400 元。

借：应付票据——武汉农副产品有限公司　　140 400

贷：银行存款——中行账户　　140 400

业务 10：2011 年 12 月 6 日，购买印花税票，用现金支付 400 元。

借：管理费用——印花税　　400

贷：库存现金　　400

业务 11：2011 年 12 月 7 日，支付价款 311 000 元从证券交易行购入华迅科技发行的股票 100 000 股，每股价格 3.10 元（含已宣告但尚未发放的现金股利 0.10 元），其中包括支付交易费用 1 000 元。甲公司将持有的华迅科技公司股权划分为交易性金融资产，且持有华迅科技公司股权后对其无重大影响。

借：交易性金融资产——成本　　300 000

　　应收股利——华迅科技　　10 000

　　投资收益　　1 000

　贷：其他货币资金——存出投资款　　311 000

业务 12：2011 年 12 月 8 日，领一批原材料。

借：制造费用——纺纱车间　　84 500

　　　　　　——织布车间　　220 500

　贷：原材料　　211 500

　　　包装物　　93 500

业务 13：2011 年 12 月 9 日，车间领用一批劳保用品。

借：制造费用——纺纱车间——劳保费用　　6 350

　　　　　　——织布车间——劳保费用　　4 650

　贷：低值易耗品　　11 000

业务 14：2011 年 12 月 10 日，从武汉三洋批发有限公司采购一批材料，材料尚未验收入库，开出一张银行承兑汇票。

借：物资采购——辅助材料　　50 400

　　　　　　——燃料　　20 400

　　　　　　——其他材料　　49 500

　　　　　　——包装物　　43 600

　　应交税费——应交增值税（进项税）　　27 863

　贷：应付票据——武汉三洋批发有限公司　　191 763

业务 15：2011 年 12 月 10 日，从宜昌农贸有限责任公司购入一批棉花，货款未付，货物未到，收到增值税发票。

借：物资采购——原料及主要材料——棉花　　3 120 000

　　应交税费——应交增值税（进项税）　　405 600

　贷：应付账款——宜昌农贸有限责任公司　　3 525 600

业务 16：2011 年 12 月 11 日，总经理办公室购买一台笔记本电脑，价格 8 000 元，进项税金额 1360 元，已用现金支票支付。

借：固定资产——办公设备　　8 000

　　应交税费——应交增值税（进项税额）　　1 360

　贷：银行存款——建行账户　　9 360

借：财务费用——手续费　　50

　贷：银行存款——建行账户　　50

注：残值率 3%，预计使用 5 年，月折旧率 1.62%。

业务 17：2011 年 12 月 11 日，用银行存款支付企业的电话费 3 200 元。

借：管理费用——办公费　　3 200

　贷：银行存款——中行账户　　3 200

借：财务费用——手续费　　32

　贷：银行存款——中行账户　　32

业务 18：2011 年 12 月 12 日，公司收到银行托收凭证（付款通知），已从账上划转水费 200 000 元。并收到自来水公司开具的发票，本企业工业用水 200 000 元，其中不含税金额 176 991.15 元，增值税金额 23 008.85 元（水费的增值税税率 13%）。

借：应付账款——自来水公司　　176 991.15

　　应交税费——应交增值税（进项税）　　23 008.85

　贷：银行存款——中行账户　　200 000

业务 19：2011 年 12 月 12 日，车间领用一批棉花，其中纬纱生产领用棉花 150 000 千克，经纱生产领用棉花 180 000 千克。

借：生产成本——基本生产成本——纬纱（直接材料）　　2 250 000

　　　　　　——基本生产成本——经纱（直接材料）　　2 700 000

　贷：原材料——原料及主要材料——棉花　　4 950 000

业务 20：2011 年 12 月 12 日，接受捐赠的一台 E 设备，原值为 500 000 元，已计提折旧 50 000 元，账面价值 450 000 元，公允价值 460 000 元。

借：固定资产——生产设备——E 设备　　460 000

　贷：营业外收入——捐赠利得　　460 000

业务 21：2011 年 12 月 12 日，到银行提取现金 30 000 元，用以支付董事会会议费共 29 700 元。

借：库存现金　　30 000

　贷：银行存款——中行存款　　30 000

借：管理费用——董事会费　　29 700

　贷：库存现金　　29 700

业务 22：2011 年 12 月 13 日，把接受捐赠的 E 设备销售出去，得到银行存款 460 000 元，并支付相关工程人员 5 000 元（使用现金支票）。

借：固定资产清理　　460 000

　贷：固定资产——生产设备——E 设备　　460 000

借：银行存款——中行账户　　460 000

　贷：固定资产清理　　393 162.39

　　　应交税费——应交增值税（销项税）　　66 837.61

借：固定资产清理　　5 000

　贷：银行存款——中行账户　　5 000

借：营业外支出——处置非流动资产损失　　71 837.61

　贷：固定资产清理　　71 837.61

业务 23：向有价证券交易账户中存入 300 000 元，准备用于购买蓝迅公司发行的 5 年期债券。

借：其他货币资金——存出投资款　　300 000

　贷：银行存款——中行存款　　300 000

业务 24：2011 年 12 月 13 日，XYZ 公司从交易账户中支付价款 312 000 元（含交易费用 2 000 元）从活跃市场上购入蓝迅公司 5 年期债券，面值 300 000 元，票面年利率 8%，按年支付利息，本金最后一次支付。合同约定，该债券的发行方在遇到特定情况时可以将债券赎回，且不需要为提前赎回支付额外款项。XYZ 公司在购买该债券时，预计发行方不会提前赎回。XYZ 公司将购入的该公司债券划分为持有至到期投资。

借：持有至到期投资——成本　　300 000

　　持有至到期投资——利息调整　　12 000

　贷：其他货币资金——存出投资款　　312 000

业务 25：2011 年 12 月 14 日，去建设银行提取现金 5 000 元备用。

借：库存现金　　5 000

　贷：银行存款——建行账户　　5 000

业务 26：2011 年 12 月 14 日，总经理办公室报销业务招待费 3 000 元，办公费 500 元。

借：管理费用——业务招待费　　3 000

　　　　　　——办公费　　500

　贷：库存现金　　3 500

业务 27：2011 年 12 月 14 日，销售给武汉市顺昌贸易有限公司一批货物，价款总计 17 784 000 元，收到一张银行承兑汇票，期限为 3 个月。

借：应收票据——武汉市顺昌贸易有限公司　　17 784 000

　贷：主营业务收入——棉布 150　　8 000 000

　　　　　　　　　——棉布 230　　7 200 000

　　　应交税费——应交增值税（销项税额）　　2 584 000

业务 28：2011 年 12 月 15 日，用中行存款支付新疆农贸有限责任公司的欠款 3 053 700 元。

借：应付账款——新疆农贸有限责任公司　　3 053 700

　贷：银行存款——中行账户　　3 053 700

业务 29：2011 年 12 月 16 日，从宜昌农贸有限责任公司购入的棉花到达，并且已经验收入库。

借：原材料——原料及主要材料——棉花　　3 000 000

　　材料成本差异——原料及主要材料　　120 000

　贷：物资采购——原料及主要材料——棉花　　3 120 000

业务 30：2011 年 12 月 17 日，接到法院通知，上海市金纱有限公司已经正式破产，应收上海市金纱有限公司的款项 117 000 元确认已经无法收回。

借：坏账准备　　117 000

　贷：应收账款——上海市金纱有限公司　　117 000

业务 31：2011 年 12 月 17 日，公司收到银行托收凭证（付款通知），已从账上划转电费 819 000 元。并收到供电局开具的发票，本企业工业用电 819 000 元，其中不含税金额 700 000 元，增值税金额 119 000 元（电费的增值税税率为 17%）。

借：应付账款——供电局	700 000	
应交税费——应交增值税（进项税）	119 000	
贷：银行存款——中行账户		819 000

业务 32：2011 年 12 月 18 日，支付各种税费。

借：应交税费——未交增值税	800 320	
——应交城建税	56 022	
——教育费附加	24 010	
贷：银行存款——中行账户		880 352

业务 33：2011 年 12 月 18 日，发现丢失一台联想笔记本电脑，原值 5 000 元，已提折旧 729 元，净值 4 271 元。

借：管理费用——折旧费	81	
贷：累计折旧		81
借：待处理财产损溢——待处理固定资产损溢	4 190	
累计折旧	810	
贷：固定资产		5 000

业务 34：2011 年 12 月 19 日，采购一批手套和工作服，尚未入库，款项未付。

借：物资采购——低值易耗品——手套	12 500	
——工作服	10 400	
应交税费——应交增值税（进项税）	3 893	
贷：应付账款——江西尚品物资有限责任公司		26 793

业务 35：2011 年 12 月 19 日，从武汉三洋批发有限公司采购的材料，已经验收入库。

借：原材料	116 000	
包装物	43 000	
材料成本差异——辅助材料	2 400	
——燃料	400	
——其他材料	1 500	
——包装物	600	
贷：物资采购——辅助材料		50 400
——燃料		20 400
——其他材料		49 500
——包装物		43 600

业务 36：2011 年 12 月 19 日，上海宝钢宣告发放股利，每股 0.5 元。

借：应收股利——上海宝钢	50 000	
贷：投资收益		50 000

业务 37：2011 年 12 月 20 日，于本月 18 日丢失的笔记本，上报后领导同意核销。

借：管理费用　　4 190

　贷：待处理财产损溢——待处理固定资产损溢　　4 190

业务 38：2011 年 12 月 21 日，车间领用一批棉花。

借：生产成本——基本生产成本——纬纱（直接材料）　　1 800 000

　　　　　　——基本生产成本——经纱（直接材料）　　2 250 000

　贷：原材料——原料及主要材料——棉花　　4 050 000

业务 39：2011 年 12 月 22 日，12 月 19 日采购的那批手套和工作服，已经验收入库，并支付款项。

借：低值易耗品——手套　　12 000

　　　　　　——工作服　　10 000

　材料成本差异——低值易耗品　　900

　贷：物资采购——低值易耗品——手套　　12 500

　　　　　　　　　　　　　——工作服　　10 400

借：应付账款——江西尚品物资有限责任公司　　26 793

　财务费用——手续费　　50

　贷：银行存款——建行账户　　26 843

业务 40：2011 年 12 月 22 日，支付 2011 年第一季度展览费用 20 000 元。

借：销售费用——展览费　　20 000

　贷：银行存款——建行账户　　20 000

借：财务费用——手续费　　50.00

　贷：银行存款——建行账户　　50.00

业务 41：2011 年 12 月 23 日，车间报销费用。

业务分析：机械维修费可以抵扣增值税，所以进入成本的机械维修费为 300 元，可以抵扣的增值税 51 元。

借：制造费用——纺织车间——办公费　　860

　　　　　　　　　　　——机械维修费　　300

　　　　　——织布车间——办公费　　560

　应交税费——应交增值税（进项税额）　　51

　贷：库存现金　　1 771

业务 42：2011 年 12 月 24 日，用中行存款账户（转账支票）支付法律咨询费 20 000 元。

借：管理费用——咨询费　　20 000

　贷：银行存款——中行账户　　20 000

业务 43：2011 年 12 月 24 日，用中行存款支付湖北长盛有限责任公司款项 5 000 000 元。

借：应付账款——湖北长盛有限责任公司　　5 000 000

　贷：银行存款——中行账户　　5 000 000

业务 44：2011 年 12 月 25 日，销售给北京红太阳服装有限公司一批货物，价款总计 10 296 000 元，货款未收。

借：应收账款——北京红太阳服装有限公司　　10 296 000

贷：主营业务收入——棉布 150　　4 000 000
——棉布 230　　4 800 000
应交税费——应交增值税（销项税额）　　1 496 000

业务 45：2011 年 12 月 25 日，织布车间发生机械维修费用共计 982.80 元，其中不含税金额为 840 元，增值税为 142.8 元。

业务分析：机械维修费可以抵扣增值税，所以进入成本的机械维修费为 840 元，可以抵扣的增值税 142.80 元。

借：制造费用——织布车间——机械维修费　　840.00
应交税费——应交增值税（进项税额）　　142.8
贷：库存现金　　982.8

业务 46：2011 年 12 月 26 日，去建设银行提取现金 10 000 元备用。

借：库存现金　　10 000
贷：银行存款——建行账户　　10 000

业务 47：2011 年 12 月 26 日，厂办公室段天峰等人出差，预借差旅费 10 000 元。

借：其他应收款——应收个人款——段天峰　　10 000
贷：库存现金　　10 000

业务 48：2011 年 12 月 27 日，向武汉市第二建筑公司支付结算款项 300 000 元。

借：在建工程——新厂房　　300 000
贷：银行存款——中行存款　　300 000

借：财务费用——手续费　　50.00
贷：银行存款——中行账户　　50.00

业务 49：2011 年 12 月 28 日，出售废角料收入 200 元。

借：库存现金　　200
贷：其他业务收入　　200

业务 50：2011 年 12 月 29 日，转让轴承 203#（其他材料）30 套，每套不含税价 10 元，计 300 元，增值税 51 元，价款共计 351 元。

业务分析：结转已售材料成本时，取用上月末的材料成本率，即使用“材料成本差异——其他材料”的期初账户余额除以“原材料——其他材料” 的期初账户余额来计算得出。

借：库存现金　　351
贷：其他业务收入——销售材料收入　　300
应交税费——应交增值税（销项税额）　　51

借：其他业务成本——出售材料成本　　247.34
贷：原材料——其他材料——轴承 203#　　240
材料成本差异——其他材料　　7.34

业务 51：2011 年 12 月 30 日，支付下一年的报纸、杂志费 6 000 元。

借：预付账款——报纸、杂志费　　6 000
贷：银行存款——建行账户　　6 000

业务 52：2011 年 12 月 30 日，支付下一年的财产保险费 12 000 元。

借：预付账款——财产保险费　　12 000

　贷：银行存款——建行账户　　12 000

业务53：2011年12月31日，因为为武汉天达公司提供担保，因其财务状况恶化而导致无法到期偿还银行债务，连同本企业被提起诉讼。现在的证据表明诉讼败诉的可能性有80%。如果败诉，武汉天达公司无力偿还债务，将导致作为担保人的本公司要偿还其欠银行的525 000元债务（其中本金为500 000元，利息为25 000元）。

借：营业外支出——赔偿支出　　525 000

　贷：预计负债——未决诉讼　　525 000

业务54：2011年12月31日，固定资产计提折旧。

借：制造费用——纺纱车间——折旧费　　40 970

　　　　　　——织布车间——折旧费　　13 056

　管理费用——折旧　　26 104.2

　贷：累计折旧　　80 130.2

业务55：2011年12月31日，无形资产摊销。

借：管理费用——无形资产摊销　　5 000

　贷：累计摊销　　5 000

业务56：2011年12月31日，根据企业的总表度数及消费单价，预估本月水费为160 000元（不含增值税金额）。

借：生产成本——辅助生产成本——供水车间　　160 000

　贷：应付账款——自来水公司　　160 000

业务57：2011年12月31日，根据本月用水电总度数和电费单价，预估本月电费为600 000元（不含增值税金额）。

借：生产成本——辅助生产成本——供电车间　　600 000

　贷：应付账款——供电局　　600 000

业务58：2011年12月31日，计提短期借款利息和长期借款利息（基建工程尚未竣工）。

借：财务费用——利息支出　　50 000

　贷：应付利息——短期借款利息　　50 000

借：在建工程——新厂房　　66 666.67

　贷：应付利息——建行长期借款利息　　66 666.67

业务59：2011年12月31日，财产保险费摊销。

借：管理费用——财产保险费　　2 000

　贷：预付账款——财产保险费　　2 000

业务60：2011年12月31日，公司全面盘点，发现存货中手套短缺10双，经查明是收发错误所致。

业务分析：采用低值易耗品月初的材料成本差异率。

借：待处理财产损溢——待处理流动资产损溢　　118.92

　材料成本差异——低值易耗品　　1.08（120×0.90%）

　贷：低值易耗品——手套　　120.00

借：管理费用——其他　　139.14

　贷：待处理财产损溢——待处理流动资产损溢　　118.92

　　应交税费——应交增值税（进项税转出）　　20.22

业务61：计提坏账准备。该企业使用应收账款余额百分比法，计提比例为5%。

借：资产减值损失　　579 150

　贷：坏账准备　　579 150

业务62：计提存货跌价准备。2011年12月31日，棉花的市场单价为20元/千克。

业务分析：原料及主要材料——棉花的期末余额760 350元（计划成本），材料成本差异——原料及主要材料——棉花的期末余额为433 211元，棉花的期末实际成本为760 350+433 211=1 193 561元；棉花可变现净值=50 690.00千克×20元/千克=1 013 800元，所以计提存货跌价准备179 761元。

借：资产减值损失　　179 761

　贷：存货跌价准备　　179 761

业务63：计提减值准备。2011年12月31日，无形资产专利权发生了减值迹象，经过减值测试，计算得出该无形资产的可收回余额为300 000元。

业务分析：2011年12月31日，无形资产专利权的账面价值为600 000–235 000–5 000=360 000元，该无形资产的可收回余额为300 000元，发生减值60 000元。

借：资产减值损失　　60 000

　贷：无形资产减值准备　　60 000

业务64：2011年12月31日，计算本月工资。

业务分析：纺纱车间有两种产品——经纱和纬纱，本月纺纱车间的生产工人的工资总计1 229 568元（411 560+823 978–5 970=1 229 568）；织布车间有两种产品——棉布150和棉布230，本月织布车间的生产工人的工资总计999 944元（401 233+598 711=999 944）。所以需要把纺纱车间的生产工人工资总计1 229 568元分配给经纱和纬纱，把织布车间生产工人的工资总计999 944元分配给棉布150和棉布230，分配标准见“表2-2　单位产品直接人工费用消耗定额表”和“表3-9　2011年12月企业计划投产量表”。

借：生产成本——基本生产成本——经纱　　790 921.91

　　生产成本——基本生产成本——纬纱　　438 646.09

　　生产成本——基本生产成本——棉布150　　392 359.9

　　生产成本——基本生产成本——棉布230　　607 584.1

　　生产成本——辅助生产成本——供电车间　　28 450

　　生产成本——辅助生产成本——供水车间　　16 950

　　制造费用——纺纱车间——薪酬　　219 535

　　制造费用——织布车间——薪酬　　205 211

　　管理费用——职工薪酬　　168 739

　贷：应付职工薪酬——工资　　2 868 397

业务65：计提福利费。

借：生产成本——基本生产成本——经纱　　110 729.07

生产成本——基本生产成本——纬纱　61 410.45
生产成本——基本生产成本——棉布 150　54 930.39
生产成本——基本生产成本——棉布 230　85 061.77
生产成本——辅助生产成本——供电车间　3 983
生产成本——辅助生产成本——供水车间　2 373
制造费用——纺纱车间——薪酬　30 734.9
制造费用——织布车间——薪酬　28 729.54
管理费用——职工薪酬　23 623.46
贷：应付职工薪酬——职工福利　401 575.58

业务 66：2011 年 12 月 31 日，根据上一经济业务中的本月工资金额计算得出企业应承担的社会保险和住房公积金。

业务分析：新企业会计准则规定，单位向社会保险经办机构等缴纳的医疗保险费、养老保险费、失业保险费、工伤保险费、生育保险费等社会保险费，在会计核算上，属于职工薪酬范围，应按照受益对象分别进入相应的会计核算科目。这里为了简化核算，按照非新会计准则核算企业的核算办法，全部计入“管理费用”。

借：管理费用——职工薪酬　507 159
贷：应付职工薪酬——社会保险费——养老保险费　210 665
——失业保险　23 754
——医疗保险　78 340
——工伤保险费　12 010
——生育保险费　8 340
应付职工薪酬——住房公积金　174 050

业务 67：2011 年 12 月 31 日，用中行账户银行存款支付工资。

借：应付职工薪酬——应付工资　2 868 397　（应发工资）
贷：其他应付款——住房公积金　174 050　（个人应缴纳的部分）
——养老保险　173 115　（个人应缴纳的部分）
——失业保险　21 052　（个人应缴纳的部分）
——医疗保险　51 213　（个人应缴纳的部分）
银行存款——中行账户　2 448 967　（实发工资）

业务 68：2011 年 12 月 31 日，用中行账户银行存款支付社会保险和住房公积金。

借：应付职工薪酬——社会保险费——养老保险费　210 665
——失业保险　23 754
——医疗保险　78 340
——工伤保险费　12 010
——生育保险费　8340
应付职工薪酬——住房公积金　174 050
其他应付款——住房公积金　174 050
——养老保险　173 115

——失业保险　　21 052
——医疗保险　　51 213
贷：银行存款——中行账户　　926 589

业务 69：2011 年 12 月 31 日，结转材料成本差异。

借：生产成本——基本生产成本——经纱　　232 845
生产成本——基本生产成本——纬纱　　173 280
制造费用——纺纱车间　　2 444.28
制造费用——织布车间　　4 685.27
贷：材料成本差异——原料及主要材料　　406 125
——辅助材料　　1176
——燃料　　306
——其他材料　　5342.85
——包装物　　130.9
——低值易耗品　　173.8

业务 70：2011 年 12 月 31 日，归集分配当月辅助费用，编制辅助费用分配表。

业务分析：使用直接分配法按照水电实际耗用量为标准分配。基本生产车间工艺用电要计入“生产成本——基本生产成本”各产品账户，其他耗用的计入“制造费用”。基本生产车间工艺用电在分配时，按照各产品本月的计划耗电量分配。各产品计划耗电量=各产品本月计划产量×单位产品消耗定额。

借：生产成本——基本生产成本——经纱（其他直接费用）　　130 711.05
——纬纱（其他直接费用）　　96 477.2
——棉布 150（其他直接费用）　　130 479.04
——棉布 230（其他直接费用）　　157 662.17
制造费用——纺纱车间（水电费）　　104 635.73
——织布车间（水电费）　　130 536.63
管理费用——水电费　　61 254.18
贷：生产成本——辅助生产成本——供水车间　　179 323
——供电车间　　632 433

业务 71：2011 年 12 月 31 日，归集分配当月制造费用。

借：生产成本——基本生产成本——经纱（制造费用）　　314 842.48
——纬纱（制造费用）　　175 487.43
——棉布 150（制造费用）　　250 198.74
——棉布 230（制造费用）　　358 569.7
贷：制造费用——纺纱车间　　490 329.91
——织布车间　　608 768.44

业务 72：2011 年 12 月 31 日，计算并结转织布车间领用的纺纱车间的经纱和纬纱的成本。

业务分析：本模拟企业纺纱车间生产的经纱和纬纱完工后，验收合格的半产品直接投入织布车间进行生产。完工产品的成本计算使用约当产量法。原材料在生产开始时一次性投入；在产品完工程度测定为50%，适用于产品成本中除了“直接材料”以外的其他成本项目的分配。织布车间里产品成本的计算使用综合结转分步法。

借：生产成本——基本生产成本——棉布150（直接材料）　　6 023 678.72
　　　　　　　　　　　　　　——棉布230（直接材料）　　6 527 892.13
　贷：生产成本——基本生产成本——经纱　　7 172 978.29
　　　　　　　　　　　　　　　——纬纱　　5 378 592.56

业务73：2011年12月31日，计算并结转织布车间完工产品的成本。

业务分析：使用约当产量法，按照两种产品各自的实际完工产量和期末在产品约当产量来进行成本分配并结转。

借：库存商品——棉布150　　7 253 778.09
　　　　　　——棉布230　　8 755 961.27
　贷：生产成本——基本生产成本——棉布150　　7 253 778.09
　　　　　　　　　　　　　　　——棉布230　　8 755 961.27

业务74：2011年12月31日，计算并结转已售商品成本。

借：主营业务成本——棉布150　　10 642 000
　　　　　　　　——棉布230　　9 690 000
　贷：库存商品——棉布150　　10 642 000
　　　　　　　——棉布230　　9 690 000

业务75：2011年12月31日，根据应交增值税的明细账，计算本月应交的增值税并结转至相应账户。

借：应交税费——应交增值税（转出未交增值税）　　4 578 626.18
　贷：应交税费——未交增值税　　4 578 626.18

业务76：2011年12月31日，计提本期城市建设税（7%）、教育费附加（3%）。

借：营业税金及附加　　457 862.62
　贷：应交税费——城市建设税　　320 503.83
　　　　　　　　教育费附加　　137 358.79

业务77：2011年12月31日，结转损益类账户余额至“本年利润”账户。

借：主营业务收入　　35 000 000
　　其他业务收入　　500
　　营业外收入　　460 000
　　投资收益　　49 000
　贷：本年利润　　35 509 500

借：本年利润　　23 133 580.55
　贷：主营业务成本　　20 332 000
　　　营业税金及附加　　457 862.62
　　　其他业务成本　　247.34
　　　管理费用　　857 439.98
　　　销售费用　　20 000

财务费用　　50 282

资产减值损失　　818 911

营业外支出　　596 837.61

业务 78：2011 年 12 月 31 日，计算所得税并结转所得税费用（使用税率 25%，假设无任何纳税调整项目）。

借：所得税费用　　3 093 979.86

　贷：应交税费——应交企业所得税　　3 093 979.86

借：本年利润　　3 093 979.86

　贷：所得税费用　　3 093 979.86

业务 79：2011 年 12 月 31 日，结转本月利润到“利润分配”。

借：本年利润　　108 525 222.59

　贷：利润分配——未分配利润　　108 525 222.59

业务 80：2011 年 12 月 31 日，分配利润：分别按全年净利润的 10%、5%计提法定盈余公积和任意公积金，并且把净利润的 30%分配给公司所有者。

业务分析：本月净利润+1—11 月份的累计净利润=全年净利润。

借：利润分配——提取法定盈余公积　　10 852 522.26

　　　　　　——提取任意盈余公积　　5 426 261.13

　　　　　　——应付利润　　32 557 566.78

　贷：盈余公积——法定盈余公积　　10 852 522.26

　　　　　　——任意盈余公积　　5 426 261.13

　　应付利润　　32 557 566.78

业务 81：2011 年 12 月 31 日，结转利润分配中各分配项目。

借：利润分配——未分配利润　　48 836 350.17

　贷：利润分配——提取法定盈余公积　　10 852 522.26

　　　　　　　——提取任意盈余公积　　5 426 261.13

　　　　　　　——应付利润　　32 557 566.78

第 5 章

记　　账

编制并审核完记账凭证后，就应该及时或定期将记账凭证的内容登记到相关账户内，登记账户的载体称会计账簿，登记的过程称为记账。记账是指把经济业务从记账凭证登记到账簿的过程。正确登记账簿是记账工作的关键，是科学地记录和反映经济活动内容的保证。

5.1　记账的步骤及记账规则

记账时，必须将记账凭证中每个科目的发生额登记到相对应的账户里，记账方法应根据不同账簿而采取不同的方法，如总分类账可以汇总后登记，明细账必须按照经济业务发生的时间先后顺序逐笔登记，日记账必须按照经济业务发生的时间先后顺序逐日逐笔登记等。

5.1.1　记账的步骤

记账步骤举例如下。

例 5.1：“银行存款”日记账和“实收资本”明细账的记账。本例收款凭证如图 5-1 所示。

收　款　凭　证

借方科目：银行存款一中行　　　　2010年 12 月 1日　　　　收 字第 1 号

摘　要	贷方科目		金额											记账	附单据 1 张
	总账科目	明细科目	亿	千	百	十	万	千	百	十	元	角	分		
收到股东投资款	实收资本	杨光			1	0	0	0	0	0	0	0	0		
合	计			¥	1	0	0	0	0	0	0	0	0		

会计主管：　　记账：　　出纳：张三　　复核：李兰　　制单：王明

图 5-1　收款凭证

根据此张记账凭证，应该在“银行存款——中行”日记账里借方登记 1 000 000，在“实收资本”明细账贷方登记 1 000 000。记账步骤如下。

1. 登记“银行存款——中行”日记账

登记“银行存款——中行”日记账，如图 5-2 所示。

银行存款日记账

户名：中国银行湖北支行　　　　账号：818456835493257

2010年		记账凭证		摘要	对方科目	页数	借方									贷方									借或贷	余额									
月	日	字	号				百	十	万	千	百	十	元	角	分	百	十	万	千	百	十	元	角	分		千	百	十	万	千	百	十	元	角	分
12	1			期初余额																					借	8	2	0	4	3	8	1	5	0	0
	1	收	1	收到投资款	实收资本		1	0	0	0	0	0	0	0	0										借	9	2	0	4	3	8	1	5	0	0

图 5-2 “银行存款——中行”日记账的记账方法

2. 登记“实收资本”明细账

登记“实收资本”明细账，如图 5-3 所示。

总分类科目：实收资本
明细分类科目：

2010年		凭证		摘要	借方											核对	贷方											核对	借或贷	余额											核对
月	日	种类	号数		亿	千	百	十	万	千	百	十	元	角	分		亿	千	百	十	万	千	百	十	元	角	分			亿	千	百	十	万	千	百	十	元	角	分	
12	1			期初余额																									贷		3	0	0	0	0	0	0	0	0	0	
	1	收	1	收到投资款															1	0	0	0	0	0	0	0	0		贷		3	1	0	0	0	0	0	0	0	0	

图 5-3 “实收资本”明细账的记账方法

3. 记账凭证上画“√”

“实收资本”明细账记账完成后，应在记账凭证上此发生额对应的“记账”栏里打“√”，以示已经登记入账，见图 5-4“实收资本”金额右边的“记账”栏。

4. 记账签字

当记账凭证上所有的金额全部记账并打“√”后，记账员应在记账凭证最下面一行“记账”签字处签字，如图 5-4 所示。

收　款　凭　证

借方科目：银行存款—中行　　　2010年 12 月 1日　　　收 字第 1 号

摘要	贷方科目		金额											记账
	总账科目	明细科目	亿	千	百	十	万	千	百	十	元	角	分	
收到股东投资款	实收资本	杨光			1	0	0	0	0	0	0	0	0	√
合	计			¥	1	0	0	0	0	0	0	0	0	

附单据 1 张

会计主管：　　记账：周芳　　出纳：张三　　复核：李兰　　制单：王明

图 5-4　画“√”并记账签字

记账凭证上，“制单”、“复核”和“记账”处应由制单员、复核员及记账员分别在制单后、复核后及记账后签字，“出纳”和“会计主管”可以不用签字。“出纳”和“会计主管”如果签字，应在记账前审核凭证并签字。

在记账过程中，如果记账凭证上的明细分类科目没有在明细账里开设过明细分类账户，还需要在空白账页上先开设明细分类账户。因为没有期初余额，所以直接从该账页的第一行开始登账。

5.1.2 记账规则

1. 账簿的记账规则

账簿要根据审核无误的会计凭证登记，登记时要用蓝黑墨水或碳素墨水并用钢笔填写，不得使用圆珠笔或铅笔书写，填写后要在记账凭证上签名或盖章，并在凭证上的“过账”栏内打“√”，以示登记。

账簿的页码要顺序编号，不得跳页、跳行。凡需要结出余额的账户，在结出余额后，应当在“借或贷”栏注明“借”或“贷”；没有余额的账户，应当在“借或贷”栏写“平”，并在账户的余额栏用“0”表示。

账簿的账页写满需要翻页时，下一页的首行填写“承前页”，将上一页“过次页”的借贷方合计数和余额转入，注明“借”或“贷”方；上一页“过次页”行填写“过次页”，并将本页合计数及余额计算出来。在计算“过次页”行的借、贷方合计数时，取本月累计发生额，而不是本页的合计数。账页的承前页和过次页如图 5-5 所示。

应收账款

2010年		凭证		摘要	借方（亿千百十万千百十元角分）	核对	贷方（亿千百十万千百十元角分）	核对	借或贷	余额（亿千百十万千百十元角分）	核对
月	日	种类	号数								
12	1			期初余额					借	2000000	
12	12			华龙公司欠款	1170000				借	3170000	
12	15			英华公司欠款	100000				借	3270000	
12	16			华龙公司还12月12日欠款			1170000		借	2100000	
12	20			右二公司欠款	1170000				借	3270000	
				过次页	2440000		1170000		借	3270000	

2010年		凭证		摘要	借方（亿千百十万千百十元角分）	核对	贷方（亿千百十万千百十元角分）	核对	借或贷	余额（亿千百十万千百十元角分）	核对
月	日	种类	号数								
				承前页					借	3270000	
12	25			营地公司欠款	200000				借	3470000	

图 5-5　过次页、承前页

2. 更正错误

在过账中，如果发现记账凭证有错误，如会计科目使用不当、金额记错，可将记账凭证直接更换，填写上正确的分录与金额。如果记账凭证没有问题而是账簿记录有错误，或两者都有错误，可采用划线更正法、红字更正法和补充登记法。

划线更正法是在结账前发现账簿记录有文字或数字错误，用红线在错误的文字或数字上画一条线，并在红线的上方填写正确的内容，并由记账人员在更正处盖章以表示责任。

红字更正法是在记账后才发现凭证所记会计科目有错误，如管理费用记入销售费用中。更正的方法是用红字填写一张与原记账内容完全一样内容的记账凭证，以示注销原记账凭证，然后用蓝黑或碳素钢笔写上一张正确的记账凭证，并据以记账。另外如果会计分录没有问题，只是所记金额大于应记金额，将多记金额用红字填写并编制一张与原凭证的会计分录完全相同的凭证，以示冲销。

补充登记法也是在记账后才发现错误，会计科目无误而所记金额小于应记金额。更正方法是，编制一张与原凭证的会计科目完全相同的凭证，将少记的金额用蓝字填写，并据以记账。

书写有错误时，应按照规定使用上述三种方法进行改正，不得任意涂改、刮、擦、挖、补。

5.2 日记账的记账

本模拟公司有一本现金日记账和两本银行存款日记账。

5.2.1 现金日记账的记账

现金日记账应该由出纳人员根据涉及库存现金的收款凭证和付款凭证按经济业务发生的先后顺序逐日逐笔进行登记。登记现金日记账时要注意每登记一笔业务，要计算出余额，并且要求每天与库存现金实存数进行核对，以检查是否出错，即所谓“日清日结”。

现金日记账的记账方法如图 5-6 所示。

① 日期栏：登记记账的日期，应与现金实际收付日期一致。

② 凭证及编号栏：登记入账的收付凭证的种类和编号，如“收字第 1 号”，以便于查账和核对。

现金日记账

2011年		记账凭证号数	摘要	对方科目	页数	借方									贷方									借或贷	余额								
月	日					百	十	万	千	百	十	元	角	分	百	十	万	千	百	十	元	角	分		百	十	万	千	百	十	元	角	分
12	1		期初余额																					借				1	0	0	0	0	0
	2	4	提现	银行存款					3	0	0	0	0	0										借				4	0	0	0	0	0
	2	6	报销办公费	管理费用															6	0	0	0	0	借				3	4	0	0	0	0
	2	7	借支	其他应收款														2	0	0	0	0	0	借				1	4	0	0	0	0
			本日合计						3	0	0	0	0	0				2	6	0	0	0	0	借				1	4	0	0	0	0
			·									·									·										·		
			·									·									·										·		
			·									·									·										·		
12	31	232	报销差旅费	管理费用														3	4	0	0	0	0	借				2	3	4	0	5	0
			本日合计					1	0	0	0	0	0	0				9	8	2	0	0	0	借				2	3	4	0	5	0
			本月合计				·	·	·	·	·	·	·	·		·	·	·	·	·	·	·	·	借				2	3	4	0	5	0
			结转下年																														

图 5-6 现金日记账的记账方法

③ 摘要栏：登记记账凭证中的摘要内容。

④ 对方科目栏：现金收入的来源科目或支出的用途，即收款凭证中的贷方科目或付款凭证中的借方科目。

⑤ 借、贷额栏：根据业务的性质和数量记入贷方或借方。

⑥ 余额栏：余额=期初余额+本期增加数（借方发生额）－本期减少数（贷方发生额），把计算所得数据填在对应的发生额的同一行的余额栏里，并写上方向“借”或“贷”。

5.2.2 银行存款日记账的记账

银行存款日记账登记时，按户头、按时间逐笔登记，同时注意记录每笔银行业务的支票号，在每月的月底与开户银行核对一次，并编制银行存款余额调节表。银行存款日记账也需要按日结账。

5.3 明细分类账的记账

明细账一般有三栏式、多栏式、数量金额式，属于活页账。

5.3.1 三栏式明细账的记账

三栏式明细账的记账方法与现金日记账相同，只是少了“对方科目”，并且不用“本日合计”（日结），如图 5-7 所示。

总分类科目：应收账款

明细分类科目：华龙公司

2010年 月	日	凭证 种类	号数	摘要	借方（亿千百十万千百十元角分）	核对	贷方（亿千百十万千百十元角分）	核对	借或贷	余额（亿千百十万千百十元角分）	核对
12	1			期初余额					借	2000000	
12	12	转	44	向华龙公司赊销	1170000				借	3170000	
	25	收	80	收款			3170000		平		

图 5-7 “应收账款——华龙公司”三栏式明细账的记账方法

5.3.2 数量金额式明细账的记账

数量金额式明细账在根据存货入库或领用的记账凭证登记时，每一笔都应在对应的“借方”或“贷方”登记数量、单价和金额，并在余额里结出数量、单价和金额，如图 5-8 所示。

原材料 明细账

存货仓名：原材料仓库　　规格：　　单位：千克　　类别：原料及主要材料

2011年 月	日	记账凭证 字	号	摘要	借方 数量	借方 单价	借方 金额（百十万千百十元角分）	贷方 数量	贷方 单价	贷方 金额（百十万千百十元角分）	余额 数量	余额 单价	余额 金额（百十万千百十元角分）
12	1			期初余额							20690	15.00	31035000
	1	转	1	生产领用				10000	15.00	15000000	10690	15.00	16035000
	10	转	9	验收入库	20000	15.00	30000000				30690	15.00	46035000

图 5-8 “原材料”数量金额式明细账的记账方法

5.3.3 多栏式明细账的记账

每个多栏式明细账里又再细分为多个明细核算项目，登记时需要按照各个明细核算项目登记。

1. 普通多栏式明细账的记账

大多数多栏式明细账的设置与登记方法是相同的，如四个基本生产成本明细账户（如“生产成本——基本生产成本——纺织车间——经纱”明细账）、两个辅助生产成本明细账户（如“生产成本——辅助生产成本——供电车间”）、两个制造费用明细账户（如“制造费用——纺织车间”）、“财务费用”、“销售费用”、“管理费用”。

在登记多栏式明细账时，平时发生额用黑字来登记金额，反方向发生额如月末结转到本年利润时用红字来登记金额。如账务费用明细账，由于平时发生手续费或利息支出时均为借方发生额，故用黑字在对应费用项目下登记即可；但如果发生利息收入或月末结转费用时，发生额为反方向贷方发生额，此时需要在“利息支出”费用项目里或其他对应费用项目里用红字来登记金额。

（1）“生产成本——基本生产成本”明细账

“生产成本——基本生产成本”按照基本生产车间和成本计算对象（如产品的品种等）开设明细账，按照直接材料、直接人工、其他直接支出和制造费用设立成本项目。以“生产成本——基本生产成本——某车间——A产品”明细账为例，如图5-9所示。

生产成本——基本生产成本——某车间——A产品明细账

2011年		凭证		摘要	借方	贷方	余额				
月	日	种类	号数					直接材料	直接人工	其他直接费用	制造费用
12	1			期初余额			138 000	100 000	20 000	8 000	10 000
12	1	转	1	领用材料	500 000		638 000	500 000			
12	12	转	11	领用材料	200 000		838 000	200 000			
12	31	转	20	计提工资	150 000		988 000		150 000		
12	31	转	22	辅助生产成本分配	60 000		1 048 000			60 000	
12	31	转	23	制造费用分配	75 000		1 123 000				75 000
				生产费用合计			1 123 000	800 000	170 000	68 000	85 000
12	31	转	24	转出完工产品成本		923 000	200 000	650 000	145 000	58 000	70 000
				期末余额			200 000	150 000	25 000	10 000	15 000

图5-9 “生产成本——基本生产成本”多栏式明细账的记账方法

其中，转出完工产品成本时，“直接材料”、“直接人工”、“其他直接费用”和“制造费用”里的发生额为贷方发生额，用红字填列。

（2）“生产成本——辅助生产成本”明细账

“生产成本——辅助生产成本”按照各个辅助生产车间来开设明细账，以该辅助生产车间发生的各种成本费用类别开设成本项目，如工资、折旧、劳动保护费等。以“生产成本——辅助生产成本——机修车间”明细账为例，如图5-10所示。

生产成本——辅助生产成本——机修车间明细账

2010年 月	日	凭证 字	号	摘要	借方	贷方	借或贷	余额	工资	劳动保护费
12	10		60	计提工资	805000		借	805000	805000	
12	16		89	领用工作服	50000		借	855000		50000
	31		121	结转利润		855000	平	000	805000	50000
				过 次 页						

图 5-10 “生产成本——辅助生产成本”多栏式明细账的记账方法

此处在 12 月 31 日结转利润时，“工资”和“劳动保护费”的发生额为红色，是贷方发生额。方框里的数字为红字，下同。

（3）制造费用明细账

制造费用应当按照不同的生产车间、部门和费用项目进行明细核算，如按照基本生产车间来开设明细账，再按照机物料消耗、职工薪酬、折旧、办公费、修理费、水电费等成本项目进行明细核算，如图 5-11 所示。

制造费用——铸造车间 明细账

2010年 月	日	凭证 字	号	摘要	方向	余额	借方 折旧	借方 机物料消耗	借方 职工薪酬	借方 办公费
12	1		3	机物料消耗	借	50000		50000		
	6		30	报销办公费	借	80000				30000
	10		67	预提薪酬	借	380000			300000	
	18		75	机物料消耗	借	420000		40000		
	31		90	计提折旧	借	510000	90000			
	31		99	结转成本	平	000	90000	90000	300000	30000
				本月合计		510000	90000	90000	300000	30000

图 5-11 “制造费用——铸造车间”多栏式明细账的记账方法

（4）期间费用（管理费用、财务费用、销售费用）明细账

管理费用按照公司经费（包括行政管理部门职工薪酬、修理费、物料消耗、低值易耗品摊销、办公费和差旅费等）、工会经费、董事会费（包括董事会成员津贴、会议费和差旅费等）、聘请中介机构费、咨询费（含顾问费）、诉讼费、业务招待费、水电费、技术转让费、房产税、车船使用税、土地使用税、印花税、技术转让费、矿产资源补偿费、研究费用、排污费等开设明细核算项目。

销售费用按照保险费、包装费、展览费和广告费、商品维修费、预计产品质量保证损失、运输费、装卸费等，以及为销售本企业商品而专设的销售机构（含销售网点、售后服务网点等）的职工薪酬、业务费、折旧费等进行明细核算。

"管理费用"多栏式明细账、"销售费用"多栏式明细账、"财务费用"多栏式明细账的记账方法分别如图 5-12、图 5-13、图 5-14 所示。

管理费用 明细账

2011年 月	日	凭证 字	号	摘要	方向	余额（万千百十元角分）	借方 业务招待费（千百十元角分）	借方 办公费（万千百十元角分）	借方 差旅费（千百十元角分）	借方 折旧（万千百十元角分）
12	1		3	报销招待费	借	40000	40000			
	6		12	报销办公费	借	60000		20000		
	10		33	报销差旅费	借	160000			100000	
	22		66	报销差旅费	借	360000			200000	
	31		90	计提折旧	借	660000				300000
	31		99	结转	平	000	40000	20000	300000	300000
				本月合计		660000	40000	20000	300000	300000

图 5-12 "管理费用"多栏式明细账的记账方法

销售费用 明细账

2011年 月	日	凭证 字	号	摘要	方向	余额（万千百十元角分）	借方 包装费（千百十元角分）	借方 广告费（万千百十元角分）	借方 展览费（千百十元角分）
12	4		13	商品包装费	借	300000	300000		
	9		23	支付广告费	借	1300000		1000000	
	10		35	支付展览费	借	1800000			500000
	26		65	商品包装费	借	2200000	400000		
	31		99	月末结转	平	000	700000	1000000	500000
				本月合计		2200000	700000	1000000	500000

图 5-13 "销售费用"多栏式明细账的记账方法

账务费用按照利息支出（包括利息收入）、手续费进行明细核算。

财务费用 明细账

2010年 月	日	凭证 字	号	摘要	方向	余额（万千百十元角分）	手续费（千百十元角分）	利息支出（万千百十元角分）
12	1	付	3	银行手续费	借	5000	5000	
12	6	付	6	银行手续费	借	10000	5000	
12	31	收	45	收到存款利息	贷	90000		100000
12	31		117	预提借款利息	借	510000		600000
	31		121	结转利润	平	000	10000	500000
				本月合计		510000	10000	500000

数字为红字

通栏红线

图 5-14 "财务费用"多栏式明细账的记账方法

2. 特殊格式的多栏式明细账的记账

"应交税费——应交增值税"明细账和"物资采购"明细账和上述普通多栏式账页格式不同，其有自己专用的账页格式。

（1）"应交税费——应交增值税"明细账的记账

"应交税费——应交增值税"多栏式明细账的记账方法如图 5-15 所示。

应交税费（增值税）明细账

2011年 月	日	凭证 字	号	摘要	借方 合计（万千百十元角分）	借方 进项税额（万千百十元角分）	借方 转出未交增值税（万千百十元角分）	贷方 合计（万千百十元角分）	贷方 销项税额（万千百十元角分）	贷方 进项税额转出（万千百十元角分）	借或贷	余额（万千百十元角分）
12	1		3	采购原材料	170000	170000					借	170000
	4		11	销售A产品				340000	340000		贷	170000
	16		88	销售B产品				85000	85000		贷	255000
	31		121	增值税转出	255000		255000				平	000
				本月合计	425000	170000	255000	425000	425000		平	000
				本年累计	·······	·······	·······	·······	·······	·······	平	000

图 5-15 “应交税费——应交增值税”多栏式明细账的记账方法

（2）“材料采购”明细账的记账

“材料采购”明细账分类按照采购回来的原材料等的品名和规格型号开设明细账，账户为平行式，由会计人员根据审核无误的采购记账凭证或入库记账凭证逐笔进行登记。账户左边部分反映材料采购业务，有凭证日期、凭证字号、采购发票票号、供应单位、摘要、借方（买价、运费、其他等多个栏目，也可以分为买价和运杂费两栏）、合计；账户右边反映材料入库业务，有凭证日期、凭证字号、收料单号、摘要、贷方（计划成本、成本差异等），如图 5-16 所示。

材料采购明细账

明细账户：原材料 A

年 月	日	凭证 字	号	发票号	供应单位	摘要	借方 买价	运费	其他	合计	年 月	日	凭证 字	号	收料单号	摘要	贷方 计划成本	成本差异	其他	合计
1	1					上年结转	10000	200		10200										
1	2	略	略	略	甲	购A材料	10000			10000	1	2	略	略	略	入库	10100	-100		10000
1	5				乙	略	15000	200		15200	1	9				入库	15352	-152		15200
1	5				乙	略	13800	200		14000	1	9				入库	13800	200		14000
1	20				丙	略	8000	100		8100	1	25				入库	8000	100		8100
1	25				丁	略	19700	300		20000	1	29				入库	20500	-500		20000
1	30				甲	略	7940	60		8000										
						本月发生额合计	74440	860		75300							67752	-452		67300
						月末在途物资	17940	260		18200										

图 5-16 “材料采购——原材料 A”多栏式明细账的记账方法

3. 其他多栏式明细账

这里的其他多栏式明细账，是指既可以开设在三栏式明细账也可以开设在多栏式明细账的明细分类账户，其区别就在于开设在多栏式账页里可以进行详细的项目核算。

（1）主营业务收入明细账

主营业务收入应当按照主营业务的种类进行明细核算。因本模拟企业的主营业务只有销售库存商品的业务，所以可以按照“棉布 150 销售收入”和“棉布 230 销售收入”来进行明细核算，可简称为“棉布 150”和“棉布 230”，如图 5-17 所示。

主营业务收入 明细账

2010年		凭证		摘 要	方向	余额							贷方 棉布150							贷方 棉布230						
月	日	字	号			万	千	百	十	元	角	分	万	千	百	十	元	角	分	万	千	百	十	元	角	分
12	1		3	销售棉布150	贷		5	0	0	0	0	0		5	0	0	0	0	0							
12	6		20	销售棉布230	贷		8	0	0	0	0	0									3	0	0	0	0	0
12	31		60	销售	贷	1	4	0	0	0	0	0		4	0	0	0	0	0		2	0	0	0	0	0
	31		121	结转收入	平					0	0	0		9	0	0	0	0	0		5	0	0	0	0	0
				本月合计		1	4	0	0	0	0	0		9	0	0	0	0	0		5	0	0	0	0	0

图 5-17 “主营业务收入”多栏式明细账的记账方法

（2）其他业务收入明细账

其他业务收入根据收入准则确认的除主营业务以外的其他经营活动实现的收入进行明细核算，包括出租固定资产收入、出租无形资产收入、出租包装物收入、出租商品收入、销售材料收入等。“其他业务收入”多栏式明细账的记账方法如图 5-18 所示。

其他业务收入 明细账

2010年		凭证		摘 要	方向	余额							贷方 出租固定资产收入							贷方 出租无形资产收入							贷方 销售原材料收入						
月	日	字	号			万	千	百	十	元	角	分	万	千	百	十	元	角	分	万	千	百	十	元	角	分	万	千	百	十	元	角	分
12	10		30	收固定资产租金	贷		2	0	0	0	0	0		2	0	0	0	0	0														
	22		44	收无形资产租金	贷		5	0	0	0	0	0									3	0	0	0	0	0							
	25		60	销售原材料	贷		6	0	0	0	0	0																1	0	0	0	0	0
	31		77	结转收入	平					0	0	0		2	0	0	0	0	0		3	0	0	0	0	0		1	0	0	0	0	0
				本月合计			6	0	0	0	0	0		2	0	0	0	0	0		3	0	0	0	0	0		1	0	0	0	0	0

图 5-18 “其他业务收入”多栏式明细账的记账方法

（3）投资收益明细账

投资收益应当按照投资项目进行明细核算，如出售交易性金融资产收益、长期股权投资收益等。“投资收益”多栏式明细账的记账方法如图 5-19 所示。

投资收益 明细账

2011年		凭证		摘 要	方向	余额							贷方 交易性金融资产							贷方 长期股权投资						
月	日	字	号			万	千	百	十	元	角	分	万	千	百	十	元	角	分	万	千	百	十	元	角	分
12	2		12	出售交易性金融资产	贷		2	0	0	0	0	0		2	0	0	0	0	0							
12	20		55	被投资单位宣告发放股利	贷	1	0	0	0	0	0	0									8	0	0	0	0	0
12	31		60	出售交易性金融资产	贷		9	0	0	0	0	0		1	0	0	0	0	0							
	31		121	收益结转	平					0	0	0		1	0	0	0	0	0		8	0	0	0	0	0
				本月合计			9	0	0	0	0	0		1	0	0	0	0	0		8	0	0	0	0	0

图 5-19 “投资收益”多栏式明细账的记账方法

（4）营业外收入明细账

营业外收入核算企业发生的与其经营活动无直接关系的各项净收入，主要包括处置非流动资产利得、非货币性资产交换利得、债务重组利得、罚没利得、政府补助利得、确实无法支付而按规定程序经批准后转作营业外收入的应付款项等。

营业外收入账户应当按照营业外收入项目进行明细核算。“营业外收入”多栏式明细账的记账方法如图 5-20 所示。

营业外收入 明细账

2011年		凭证		摘 要	方向	余额							贷 方													
													处置非流动资产利得							债务重组利得						
月	日	字	号			万	千	百	十	元	角	分	万	千	百	十	元	角	分	万	千	百	十	元	角	分
12	3		12	处置固定资产净收益	贷		4	0	0	0	0	0		4	0	0	0	0	0							
	22		40	债务重组	贷	3	4	0	0	0	0	0								3	0	0	0	0	0	0
	31		77	结转收入	平					0	0	0		4	0	0	0	0	0	3	0	0	0	0	0	0
				本月合计		3	4	0	0	0	0	0		4	0	0	0	0	0	3	0	0	0	0	0	0

图 5-20 “营业外收入”多栏式明细账的记账方法

（5）主营业务成本明细账

主营业务成本核算企业根据收入准则确认销售商品、提供劳务等主营业务收入时应结转的成本。“主营业务成本”账户应当按照主营业务的种类进行明细核算。和“主营业务收入”的明细核算相对应，因本模拟企业的主营业务只有销售库存商品的业务，所以可以按照“棉布 150 销售成本”和“棉布 230 销售成本”来进行明细核算，可简称为“棉布 150”和“棉布 230”。“主营业务成本”多栏式明细账的记账方法如图 5-21 所示。

主营业务成本 明细账

2010年		凭证		摘 要	方向	余额							借 方													
													棉布150							棉布230						
月	日	字	号			万	千	百	十	元	角	分	万	千	百	十	元	角	分	万	千	百	十	元	角	分
12	31		88	结转已售商品成本	借		6	0	0	0	0	0		4	0	0	0	0	0		2	0	0	0	0	0
	31		125	月末结转	平					0	0	0		4	0	0	0	0	0		2	0	0	0	0	0
				本月合计			6	0	0	0	0	0		4	0	0	0	0	0		2	0	0	0	0	0

图 5-21 “主营业务成本”多栏式明细账的记账方法

（6）其他业务成本明细账

其他业务成本账户核算企业除主营业务活动以外的其他经营活动所发生的支出，包括销售材料的成本、出租固定资产的累计折旧、出租无形资产的累计摊销、出租包装物的成本或摊销额、采用成本模式计量的投资房地产的累计折旧或累计摊销等。

其他业务成本账户应当按照其他业务成本的种类进行明细核算。“其他业务成本”多栏式明细账的记账方法如图 5-22 所示。

其他业务成本 明细账

2010年 月	日	凭证 字	号	摘要	方向	余额（万千百十元角分）	贷方：出租固定资产折旧（万千百十元角分）	贷方：出租无形资产摊销（万千百十元角分）	贷方：销售原材料成本（万千百十元角分）
12	25		61	已售原材料成本	借	40000			40000
	31		70	固定资产折旧	借	130000	90000		
	31		71	无形资产摊销	借	270000		140000	
	31		78	月末结转成本	平	000	90000	140000	40000
				本月合计		270000	90000	140000	40000

图 5-22 “其他业务成本”多栏式明细账的记账方法

（7）营业税金及附加明细账

营业税金及附加账户核算企业经营活动发生的营业税、消费税、城市维护建设税（简称城建税）、资源税和教育费附加等相关税费。该账户按照营业税金及附加的种类进行明细核算。“营业税金及附加”多栏式明细账的记账方法如图 5-23 所示。

营业税金及附加 明细账

2011年 月	日	凭证 字	号	摘要	方向	余额（万千百十元角分）	借方：营业税（千百十元角分）	借方：城建税（万千百十元角分）	借方：教育费附加（千百十元角分）
12	31		89	计算本月应缴营业税	借	250000	250000		
	31		91	计算本月城建税和教育费附加	借	550000		210000	90000
	31		99	月末结转	平	000	250000	210000	90000
				本月合计		550000	250000	210000	90000

图 5-23 “营业税金及附加”多栏式明细账的记账方法

（8）资产减值损失明细账

资产减值损失账户核算企业根据资产减值等准则计提各项资产减值准备所形成的损失，该账户应当按照资产减值损失的项目进行明细核算，如坏账损失、存货跌价损失、长期股权投资减值损失、持有至到期投资减值损失、固定资产减值损失等。“资产减值损失”多栏式明细账的记账方法如图 5-24 所示。

资产减值损失 明细账

2011年 月	日	凭证 字	号	摘要	方向	余额（万千百十元角分）	借方：坏账损失（万千百十元角分）	借方：存货跌价损失（万千百十元角分）	借方：固定资产减值损失（万千百十元角分）
12	31		87	计提坏账	借	100000	100000		
	31		88	计提存货跌价准备	借	400000		300000	
	31		89	计提固定资产减值	借	600000			200000
	31		99	结转成本	平	000	100000	300000	200000
				本月合计		600000	100000	300000	200000

图 5-24 “资产减值损失” 多栏式明细账的记账方法

（9）营业外支出明细账

营业外支出账户核算企业发生的与其经营活动无直接关系的各项净支出，包括处置非流动资产损失、非货币性资产交换损失、债务重组损失、罚款支出、捐赠支出、非常损失等。营业外支出账户应当按照支出项目进行明细核算。“营业外支出” 多栏式明细账的记账方法如图 5-25 所示。

营业外支出 明细账

2011年		凭证		摘要	方向	余额							借方													
													罚款支出							处置非流动资产损失						
月	日	字	号			万	千	百	十	元	角	分	万	千	百	十	元	角	分	万	千	百	十	元	角	分
12	4		16	交纳违规罚款	借		3	0	0	0	0	0		3	0	0	0	0	0							
	15		33	处置固定资产	借	1	1	0	0	0	0	0									8	0	0	0	0	0
	31		99	月末结转	平					0	0	0		3	0	0	0	0	0		8	0	0	0	0	0
				本月合计		1	1	0	0	0	0	0		3	0	0	0	0	0		8	0	0	0	0	0

图 5-25 “营业外支出” 多栏式明细账的记账方法

5.3.4 “固定资产”明细账的记账

“固定资产”明细账比较特殊，一般采用卡片的形式，也称固定资产卡片。

“固定资产”明细账总共包括有固定资产（部门、类别）分类账、（单一）固定资产明细账、固定资产登记簿、固定资产卡片，企业必设的为固定资产卡片和固定资产登记簿。

（1）固定资产卡片

固定资产卡片一般一式两份，一份由使用部门登记保管，另一份由财会部门保管。为防止固定资产卡片丢失，固定资产管理部门（例如资产管理部）还应设立“固定资产卡片登记簿”，逐一登记卡片的开设和注销情况。

固定资产卡片，是每一项固定资产的全部档案记录，即固定资产从进入企业开始到退出企业的整个生命周期所发生的全部情况，都要在卡片上予以记载。固定资产卡片上的栏目有类别、编号、名称、规格、型号、建造单位、年月、投产日期、原始价值、预计使用年限、折旧率、存放地点、使用单位、大修理日期和金额，以及停用、出售、转移、报废清理等内容，如图 5-26 所示。

固定资产卡片

卡片编号	00001			日期	2012-01-01
固定资产编号	0200001	固定资产名称			计算机
类别编号	02	类别名称	管理用固定资产	资产组名称	
规格型号	D52	使用部门			行政人事部
增加方式	直接购入	存放地点			人事部
使用状况	在用	使用年限(月)	96	折旧方法	平均年限法(二)
开始使用日期	2011-12-01	已计提月份	0	币种	人民币
原值	5000.00	净残值率	3%	净残值	150.00
累计折旧	0.00	月折旧率	0.0101	本月计提折旧额	50.52
净值	5000.00	对应折旧科目	1602,累计折旧	项目	
录入人	刘鹏飞			录入日期	2012-01-01

图 5-26 固定资产卡片

（2）固定资产登记簿

财会部门为了分类反映固定资产的使用、保管和增减变动情况，并控制固定资产卡片，还应设置“固定资产登记簿”，即固定资产的二级账。“固定资产二级账”应按固定资产类别开设账页。

固定资产登记簿，按固定资产类别或部门开设，用金额综合反映各类固定资产增、减、结存情况，为了解各使用单位固定资产的变动情况和各类固定资产原值和累计折旧的变动情况，在登记簿中除按使用单位分栏登记原值外，还可以设置折旧专栏，以便计算和反映各类固定资产的累计折旧。“固定资产登记簿”的一般格式如图 5-27 所示。

固定资产登记簿

使用单位:北京诚信益友贸易有限公司　　　　期间:2012.01

资产类别:管理用固定资产(02...　　　　使用部门:行政人事部(01)...

日期	资产编号	业务单号	凭证号	摘要	资产名称	使用部门	原值			数量
							借方	贷方	余额	
2012-01-01	0200001	00001		录入原始卡片	计算机	行政人事部	5 000.00		5 000.00	1.00
2012-01-01	0200002	00002	付--1	新增固定资产	复印机	行政人事部	8 000.00		13 000.00	2.00
				本期合计			13 000.00		13 000.00	2.00

图 5-27　固定资产登记簿

5.4　总分类账簿的登记

登记总分类账簿，需要先编制科目汇总表，再按照科目汇总表上的每个总分类科目对应的借方和贷方汇总金额，逐个登记总分类账户。

5.4.1　科目汇总表的编制

科目汇总表的编制步骤：先按总分类科目编制 T 型账户，并根据记账凭证中每笔发生额逐笔登记 T 型账户，再根据每个 T 型账户中的“本月发生额合计”来编制科目汇总表。开设 T 型账户时只需要按照总分类科目开设即可，不需要详细到明细科目。编制科目汇总表时，禁止使用明细分类账中的发生额来汇总科目汇总表中的金额。科目汇总表如表 5-1 所示。

表 5-1　科目汇总表

科目汇总表

从 2011 年 1 月 1 日至 1 月 15 日　　　凭证自 1 号至 110 号

借方金额	科目名称	贷方金额
7 000.00	库存现金	5 100.00
540 300.00	银行存款	171 915.00
456 300.00	应收账款	540 300.00
91 000.00	应付账款	58 500.00
12 000.00	预付账款	11 000.00
39 500.00	应交税费	96 041.25

续表

借方金额	科目名称	贷方金额
3 000.00	其他应收款	3 000.00
13 875.00	管理费用	13 875 .00
313 821.00	生产成本	399 456.80
50 000.00	原材料	240 000.00
29 915.00	应付职工薪酬	34 086.00
390 000.00	主营业务收入	390 000.00
47 821.00	制造费用	47 821.00
2 500.00	销售费用	2 500.00
800 000.00	固定资产	
	累计折旧	38.000.00
	待摊费用	1 500.00
399 456.80	库存商品	272 000.00
272 000.00	主营业务成本	272 000.00
5 780.00	营业税金及附加	5 780.00
23 961.25	所得税费用	23 961.25
570 000.00	本年利润	1 189 510 00
50 376 76	利润分配	277 072 13
	盈余公积	25 188.38
4 118 606.81	合计	4 118 606 81

财务主管：王兰　　　　审核：刘英　　　　编制：王鹏

5.4.2 总账的登记

科目汇总表编制完成以后，应按照科目汇总表上的每一个总分类账户的汇总借方发生额和汇总贷方发生额去登记总账。在总账上，应填写记账日期、摘要、借方发生额、贷方发生额和余额。登记方法如图 5-28 所示（以“库存现金”总分类账户为例）。

总 账

会计科目名称：库存现金

2011年 月	日	记账凭证号数	摘要	页数	借方（百十万千百十元角分）	贷方（百十万千百十元角分）	借或贷	余额（百十万千百十元角分）
1	1		期初余额				借	500000
	15		1-15汇总		700000	510000	借	690000
	31		16-31汇总		1000000	1500000	借	190000
2	15		1-15汇总		3000000	2800000	借	390000

图 5-28　总账登记方法

5.5 试算平衡

登记完所有的会计凭证后，根据借贷记账法的规则“有借必有贷，借贷必相等”，所有账户的借方期初余额合计数应与贷方期初余额合计数相等，所有账户的借方发生额合计数应与贷方发生额合计数相等，所有账户的借方期末余额合计数应与贷方期末余额合计数相等，否则过账过程有差错。因此过完账后，要进行发生额试算平衡检验。

试算平衡表如表 5-2 所示。

表 5-2 某公司 12 月份利润分配前发生额试算平衡表 单位：元

账户名称	期初余额		本期发生额		期末余额	
	借方	贷方	借方	贷方	借方	贷方
库存现金	3 000	——	25 300	27 000	1 300	——
银行存款	50 000	——	940 000	380 000	610 000	——
库存商品	400 000	——	200 000	372 000	228 000	——
应收账款	200 000	——	400 000	350 000	250 000	——
其他应收款	7 000	——	3 000	3 000	7 000	——
固定资产	300 000	——	15 000	——	315 000	——
长期待摊费用	——	——	120 000	——	120 000	——
短期借款	——	50 000	——	120 000	——	170 000
应付账款	——	180 000	180 000	200 000	——	200 000
预收账款	——	——	——	20 000	——	20 000
应付职工薪酬	——	30 000	30 000	32 000	——	32 000
实收资本	——	500 000	——	300 000	——	800 000
利润分配	——	120 000	——	——	——	120 000
本年利润	——	80 000	440 700	550 000	——	189 300
主营业务收入	——	——	550 000	550 000	——	——
主营业务成本	——	——	372 000	372 000	——	——
管理费用	——	——	38 700	38 700	——	——
销售费用	——	——	30 000	30 000	——	——
合计	**960 000**	**960 000**	**3 344 700**	**3 344 700**	**1 531 300**	**1 531 300**

第 6 章

对账与结账

在总账和明细账记账完成以后，需要结账，即结出账簿余额，此为编制财务报表的前期必备工作。在结账之前，需要先对账，对账无误才能结账。

6.1 对　账

对账就是核对账目，是为了保证账簿记录真实、完整和准确，对有关数据进行检查、核对的方法。对账的内容包括账实核对、账证核对、账账核对。在本书的实训工作中，实训者至少应该做到账证核对和账账核对。

6.1.1 账实核对

账实核对是指各项财产物资、债权债务等账面余额与实有数额之间的核对。具体包括以下方面。

① 核对现金日记账账面余额与库存现金数额是否相符。此工作需每天进行，在当天工作结束前，出纳必须核对现金日记账账面余额与库存现金数额是否相符，如若不符，必须做出相应处理，找出原因。

② 核对银行存款日记账账面余额与银行对账单的余额是否相符。此工作每月末进行，每个月结束后，银行会打印出银行对账单，反映该企业在该银行开户的账户里的资金变动情况，企业从银行拿到银行对账单后，应与企业自己的银行日记账进行核对，并编制“银行存款余额调节表”。

③ 核对各项财产物资明细账账面余额与财产物资的实有数额是否相符。此项工作即为企业的财产清查工作。清查周期视每个企业的情况而定，但至少一年应该全面清查一次。

④ 有关债权债务明细账账面余额与对方单位的账面记录是否相符等。可以通过电话或函证的形式，与对方单位进行核对。

6.1.2 账证核对

账证核对，就是根据各种账簿记录与记账凭证及其所附的原始凭证进行核对。

6.1.3 账账核对

账账核对，是指各种账簿之间的有关数字进行核对。具体包括以下方面。

1. 核对总分类账簿的记录

主要核对总分类账各账户借方期末余额合计数与贷方期末余额合计数是否相等，借方本期发生额合计数与贷方本期发生额合计数是否相等。

2. 总分类账簿与所属明细分类账簿核对

主要核对总分类账各账户的期末余额与所属各明细分类账户的期末余额之和是否相等，总分类账各账户的本期发生额（借方发生额或贷方发生额）与所属各明细分类账户的本期发生额之和（借方发生额之和或贷方发生额之和）各自是否相等。

3. 总分类账簿与序时账簿核对

主要核对总分类账中“现金”账户和“银行存款”账户的余额与相对应的现金日记账和银行存款日记账的期末余额是否相等。

4. 会计部门的账簿与财产物资保管部门或使用部门的财产账进行核对

主要核对会计部门的各种财产物资明细账期末余额与财产物资保管或使用部门的有关财产物资明细账期末余额是否相等。在实际工作中，可以将财产物资的明细分类账户的账户余额直接和保管账（卡）的余额进行核对。

6.2 结 账

结账，是在把一定时期内发生的全部经济业务登记入账的基础上，计算并记录本期发生额和期末余额。结账是为了总结某一个会计期间内的经济活动的财务收支状况，据以编制财务会计报表，而对各种账簿的本期发生额和期末余额进行的计算总结。

6.2.1 结账的内容

① 检查本期内日常发生的经济业务是否已全部登记入账，若发现漏账、错账，应及时补记、更正。

② 在实行权责发生制的单位，应按照权责发生制的要求，进行账项调整的账务处理，以计算确定本期的成本、费用、收入和财务成果。

③ 将损益类科目转入“本年利润”科目，结平所有损益类科目。

④ 在本期全部经济业务登记入账的基础上，结算出所有账户的本期发生额和期末的余额，计算登记各种账簿的本期发生额和期末余额。

6.2.2 结账的分类

结账按照结账日期的不同，划分为日结、月结、季结和年结。

1. 日结

会计人员应按照规定，对现金日记账、银行存款日记账按日结账。出纳在每日工作结束之后，对现金日记账、银行存款日记账结算出余额，并把现金日记账的余额与库存现金实存数进行核对，做到账实相符。

日结时，应在各个现金日记账、银行存款日记账该日最后一笔经济业务下面画一条通栏单红线，在红线下“摘要”栏内注明“本日合计”，在“借方”栏、“贷方”栏或“余额”栏分别填入本日合计数和余额，同时在“借或贷”栏内注明借贷方向。然后，在这一行下面再画一条通栏单红线，以便与下日发生额划清。请参考图 6-1 所示的 2011 年 12 月 1 日现金日记账的日结处理，此图用波浪线代表红线（以下均用波浪线代表红线）。

现金日记账

2011年		记账凭证号数	摘要	对方科目	页数	借方									贷方									借或贷	余额								
月	日					百	十	万	千	百	十	元	角	分	百	十	万	千	百	十	元	角	分		百	十	万	千	百	十	元	角	分
12	1		期初余额																					借				1	0	0	0	0	0
	1	4	提现	银行存款					3	0	0	0	0	0										借				4	0	0	0	0	0
	1	6	报销办公费	管理费用															6	0	0	0	0	借				3	4	0	0	0	0
	1	7	借支	其他应收款														2	0	0	0	0	0	借				1	4	0	0	0	0
			本日合计						3	0	0	0	0	0				2	6	0	0	0	0	借				1	4	0	0	0	0

图 6-1 现金日记账日结

2. 月结

每月终了，应在该月最后一笔经济业务下面画一条通栏单红线，表示本月结束，在红线下摘要栏内注明“本月合计”字样，并在同一行“借方”栏填上本月所有借方发生额之和，在同一行“贷方”栏填上本月所有贷方发生额之和，在“余额”栏算出余额，同时在“借或贷”栏内注明借贷方向。在“本月合计”这一行下面再画一条通栏单红线，以便与下月发生额划清。

需要结出本年累计发生额的，应当在摘要栏内注明“本年累计”字样，并在下面通栏画双红线；12 月月末的“本年累计”就是全年累计发生额，全年累计发生额下应当通栏画双红线。损益类明细账既需要进行本月合计，也需要进行本年累计。月结示例如图 6-2、图 6-3 所示。

总分类科目：所得税费用

明细分类科目：

2010年		凭证		摘要	借方											核对	贷方											核对	借或贷	余额											核对
月	日	种类	号数		亿	千	百	十	万	千	百	十	元	角	分		亿	千	百	十	万	千	百	十	元	角	分			亿	千	百	十	万	千	百	十	元	角	分	
1	31	转	98	计算所得税费用					1	1	0	0	0	0	0														借					1	1	0	0	0	0	0	
	31	转	99	结转所得税费用																	1	1	0	0	0	0	0		平												
				本月合计					1	1	0	0	0	0	0						1	1	0	0	0	0	0		平												
2	28	转	87	计算所得税费用						9	0	0	0	0	0														借						9	0	0	0	0	0	
		转	88	结转所得税费用																		9	0	0	0	0	0		平												
				本月合计						9	0	0	0	0	0							9	0	0	0	0	0		平												
				本年累计					2	0	0	0	0	0	0						2	0	0	0	0	0	0		平												

图 6-2 “所得税费用”三栏式明细账月结

3. 季结

季结时，通常在每季度的最后一个月月结的下一行，在“摘要”栏内注明“本季合计”或“本季度发生额及余额”，同时结出借方、贷方发生总额及季末余额。然后，在这一行下面画一条通栏单红线，表示季结的结束。

制造费用——铸造车间 明细账

2010年 月	日	凭证 字	号	摘要	方向	余额（万千百十元角分）	借方 折旧（千百十元角分）	借方 机物料消耗（万千百十元角分）	借方 职工薪酬（万千百十元角分）	借方 办公费（万千百十元角分）
				......						
				本月合计		400000	70000	80000	200000	50000
2	1		3	机物料消耗	借	50000		50000		
	6		30	报销办公费	借	80000				30000
	10		67	预提薪酬	借	380000			300000	
	18		75	机物料消耗	借	420000		40000		
	31		90	计提折旧	借	510000	90000			
	31		99	结转成本	平	000	90000	90000	300000	30000
				本月合计		510000	90000	90000	300000	30000
				本年累计		910000	160000	170000	500000	80000

图 6-3 “制造费用——铸造车间”多栏式明细账月结

4. 年结

年结时，在第四季度季结的下一行，在“摘要”栏注明“本年合计”或“本年发生额及余额”，同时结出借方、贷方发生额及期末余额。然后，在这一行下面画上通栏双红线，以示封账，如图 6-4 所示。

主营业务成本 明细账

2010年 月	日	凭证 字	号	摘要	方向	余额（万千百十元角分）	借方 棉布150（万千百十元角分）	借方 棉布230（万千百十元角分）
12	31		88	结转已售商品成本	借	600000	400000	200000
	31		125	月末结转	平	000	400000	200000
				本月合计		600000	400000	200000
				本年合计		....	....	....

图 6-4 “主营业务成本”多栏式明细账年结

6.2.3 结账时的四点注意事项

1. 结账时应当根据不同的账户记录，分别采用不同的方法

① 对不需要按月结计本期发生额的账户，如各项应收款明细账和各项财产物资明细账等，每次记账以后，都要随时结出余额，每月最后一笔余额即为月末余额。也就是说，月末余额就是本月最后一笔经济业务记录的同一行内的余额。月末结账时，只需要在最后一笔经济业务记录之下画一单红线，不需要再结计一次余额。

② 现金日记账、银行存款日记账和需要按月结计发生额的收入、费用等明细账，每月结账时，要在最后一笔经济业务记录下面画一单红线，结出本月发生额和余额，在摘要栏内注明“本月合计”字样，在下面再画一条单红线。

需要结计本月发生额的某些账户，如果本月只发生一笔经济业务，由于这笔记录的金额就是本月发生额，结账时，只要在此行记录下画一单红线，表示与下月的发生额分开就可以了，不需另结出“本月合计”数。

③ 需要结计本年累计发生额的某些明细账户，如主营业务收入、主营业务成本明细账

等，每月结账时，应在“本月合计”行下结计自年初起至本月末止的累计发生额，登记在“本月合计”下面，在摘要栏内注明“本年累计”字样，并在下面再画一单红线。12 月月末的“本年累计”就是全年累计发生额，全年累计发生额下画双红线。

④ 总账账户平时只需结计月末余额。年终结账时，为了反映全年各项资产、负债及所有者权益增减变动的全貌，便于核对账目，要将所有总账账户结计全年发生额和年末余额，在摘要栏内注明“本年合计”字样，并在合计数下画一双红线。

2. 结账的画线方法

结账画线的目的，是为了突出本月合计数及月末余额，表示本会计期的会计记录已经截止或结束，并将本期与下期的记录明显分开。结账时，日结、月结和季结画单红线，年结画双红线。画线时，应画红线；画线应画通栏线，不应只在本账页中的金额部分画线。

3. 账户余额的填写方法

每月结账时，应将月末余额写在本月最后一笔经济业务记录的同一行内。但在现金日记账、银行存款日记账和其他需要按月结计发生额的账户，如各种成本、费用、收入的明细账等，每月结账时，还应将“本月合计”那一行的月末余额填上，在摘要栏注明“本月合计”字样。这样做，账户记录中的月初余额加减本期发生额等于月末余额，便于账户记录的稽核。需要结计本年累计发生额的某些明细账户，每月结账时，“本月合计”行已有余额的，“本年累计”行就不必再写余额了。但总账账户月末只需要在最后一笔经济业务行结出余额，再用通栏单红线和下个月业务分开即可，没有进行本月合计的，则“本年合计”行仍然要写余额。

4. 结账时红字的运用

账簿记录中使用的红字，具有特定的涵义，表示蓝字金额的减少或负数余额。如果账簿中某笔发生额为红字，则表示同一方向蓝字金额的冲销；如果余额为红字，则表示负数余额。因此，结账时，如果出现负数余额，可以用红字在余额栏登记；但如果余额栏前印有余额的方向（如借或贷），则余额仍然应该用蓝、黑墨水书写，而不得使用红色墨水，方向（如借或贷）进行反向调整即可，即原来是借方余额的，现在可以把方向写为“贷”。

6.2.4 年结后

年结后，对于新的会计年度建账，总账和日记账应当更换新账，多数明细账一般也应更换。但有些明细账，如固定资产明细账、财产物资明细账和债权债务明细账等可以连续使用，不必每年更换。原因在于原材料和固定资产的品种、规格太多，债权债务明细账的往来单位也较多，更换新账，重抄一遍工作量较大，因此，可以跨年度使用。各种备查簿也可以连续使用。

1. 实账户

年结后，需要更换新账的实账户，要把其余额结转到下一会计年度的新账上。摘要栏注明“结转下年”字样（如图 6-5 所示）。如果账页的“结转下年”行以下还有空行，应当自余额栏的右上角至日期栏的左下角用红笔画对角斜线注销。

如果账户是实账户，则在下一会计年度新建有关会计账簿的第一行余额栏内填写上年结转的余额，并在摘要栏注明“上年结转”字样，如图 6-6 所示。

现金日记账

2011年		记账凭证号数	摘要	对方科目	页数	借方									贷方									借或贷	余额								
月	日					百	十	万	千	百	十	元	角	分	百	十	万	千	百	十	元	角	分		百	十	万	千	百	十	元	角	分
12	1		期初余额																					借				1	0	0	0	0	0
	2	4	提现	银行存款					3	0	0	0	0	0										借				4	0	0	0	0	0
	2	6	报销办公费	管理费用															6	0	0	0	0	借				3	4	0	0	0	0
	2	7	借支	其他应收款														2	0	0	0	0	0	借				1	4	0	0	0	0
			本日合计						3	0	0	0	0	0				2	6	0	0	0	0	借				1	4	0	0	0	0
			·									·									·										·		
			·									·									·										·		
			·									·									·										·		
12	31	232	报销差旅费	管理费用														3	4	0	0	0	0	借				2	3	4	0	5	0
			本日合计					1	0	0	0	0	0	0				9	8	2	0	0	0	借				2	3	4	0	5	0
			本月合计				·	·	·	·	·	·	·	·		·	·	·	·	·	·	·	·	借				2	3	4	0	5	0
			结转下年																									2	3	4	0	5	0

图 6-5 实账户“现金日记账”结转下年

现金日记账

2012年		记账凭证号数	摘要	对方科目	页数	借方									贷方									借或贷	余额								
月	日					百	十	万	千	百	十	元	角	分	百	十	万	千	百	十	元	角	分		百	十	万	千	百	十	元	角	分
1	1		上年结转																					借				2	3	4	0	5	0

图 6-6 实账户“现金日记账”上年结转

2. 虚账户

如果账户是虚账户，在 12 月的年结后，只需要在“本年合计”的下方画上通栏双红线，表示封账即可，如图 6-7 所示。

总 账

会计科目名称：管理费用

2011年		记账凭证号数	摘要	页数	借方									贷方									借或贷	余额								
月	日				百	十	万	千	百	十	元	角	分	百	十	万	千	百	十	元	角	分		百	十	万	千	百	十	元	角	分
1	31		1-31日汇总					7	0	0	0	0	0				7	0	0	0	0	0	平									
2	28		1-28日汇总				1	0	3	1	0	0	0			1	0	3	1	0	0	0	平									
3	31		1-31日汇总				3	2	5	0	0	0	0			3	2	5	0	0	0	0	平									
			…																													
12	31		1-31日汇总				2	5	7	0	0	0	0			2	5	7	0	0	0	0	平									
			本年合计			3	0	7	4	0	0	0	0		3	0	7	4	0	0	0	0	平									

图 6-7 “管理费用”总账账户的年结处理

在下一会计年度新建有关会计账簿时，因为不需要结转上年的余额（余额为零），只需要在账页上写上对应的科目名称。在下一年开始登记第一笔相关记账凭证的发生金额时，从账页的第一行开始登账即可。

第 7 章

财务报表的编制

财务报表是对企业财务状况、经营成果和现金流量的结构性表述。财务报表包括会计报表和报表附注。会计报表主要包括资产负债表、利润表、现金流量表、所有者权益变动表。本章将详细介绍资产负债表、利润表、现金流量表。

7.1 资产负债表

资产负债表是反映企业在一定日期的资产、负债和所有者权益状况的财务报表。资产负债表是以“资产=负债+所有者权益”会计恒等式为基础的。

7.1.1 资产负债表的格式

资产负债表一般有表头、表身、表尾三部分。表头应列明报表名称、编制单位、编制日期、报表编号、金额计量单位等。表身是资产负债表的主体，列示了用以说明企业财务状况的资产、负债及所有者权益的各个项目。表尾为补充说明。资产负债表格式如表 7-1 所示。

表 7-1 资产负债表格式

资产负债表

会企 01 表

编制单位: 年 月 日 单位:

资产	行次	期末余额	年初余额	负债和所有者权益（或股东权益）	行次	期末余额	年初余额
流动资产：	1			流动负债：	36		
货币资金	2			短期借款	37		
交易性金融资产	3			交易性金融负债	38		
应收票据	4			应付票据	39		
应收账款	5			应付账款	40		
预付账款	6			预收账款	41		
应收股利	7			应付职工薪酬	42		
应收利息	8			应交税费	43		
其他应收款	9			应付利息	44		
存货	10			应付股利	45		
其中：消耗性生物资产	11			其他应付款	46		
待摊费用	12			预提费用	47		
一年内到期的非流动资产	13			预计负债	48		
其他流动资产	14			一年内到期的非流动负债	49		

续表

资产	行次	期末余额	年初余额	负债和所有者权益（或股东权益）	行次	期末余额	年初余额
流动资产合计	15			其他流动负债	50		
非流动资产：	16			流动负债合计	51		
可供出售金融资产	17			非流动负债：	52		
持有至到期投资	18			长期借款	53		
投资性房地产	19			应付债券	54		
长期股权投资	20			长期应付款	55		
长期应收款	21			专项应付款	56		
固定资产	22			递延所得税负债	57		
在建工程	23			其他非流动负债	58		
工程物资	24			非流动负债合计	59		
固定资产清理	25			负债合计	60		
生产性生物资产	26			所有者权益（或股东权益）：	61		
油气资产	27			实收资本（或股本）	62		
无形资产	28			资本公积	63		
开发支出	29			盈余公积	64		
商誉	30			未分配利润	65		
长摊待摊费用	31			减：库存股	66		
递延所得税资产	32			所有者权益（或股东权益）合计	67		
其他非流动资产	33				68		
非流动资产合计	34				69		
资产总计	35			负债和所有者（或股东权益）合计	70		

7.1.2 资产负债表的编制方法

我国资产负债表主体部分的各项目都列有“年初数”和“期末数”两个栏目，表中各项目数据主要来源于会计账簿的资产、负债和所有者权益等账户的余额记录。其中，大多数项目可以直接根据总账账户的余额填列，但由于报表项目和账簿记录并不完全是一一对应关系，有一部分项目的数据必须经过合并、分拆等整理才能进入资产负债表。具体而言，资产负债表的数据有以下几种填列方法。

1. 资产负债表“年初数”的填列方法

资产负债表“年初数”栏内各项数字，应根据上年末资产负债表“期末数”栏内所列数字填列。如果本年度资产负债表规定的各个项目的名称和内容同上年度不相一致，应对上年末资产负债表各项目的名称和数字按照本年度的规定进行调整，填入表中“年初数”栏内。

2. 资产负债表“期末数”的填列方法

（1）根据总账账户的期末余额直接填列

资产负债表中的大多数项目的数据来源，主要是根据总账账户期末余额填列，如“应收股利”、“应收利息”、“应付票据”、“应付职工薪酬”、“应交税费”、“其他应交款”、“其他应付款”、“实收资本”、“资本公积”、“盈余公积”等项目。

（2）根据多个总账账户期末余额计算填列

资产负债表中有些项目需要根据若干个总账账户期末余额的合计数填列，如“货币资金”、“存货”等项目。

（3）根据若干明细账余额计算填列

资产负债表中有些项目需要根据若干个明细账账户期末余额的合计数填列，如“应收账款”、“预付账款”、“应付账款”、“预收账款”等项目。

（4）根据总账账户和明细账账户期末余额分析计算填列

资产负债表中某些项目不能根据有关总账账户的期末余额直接或计算填列，也不能根据有关账户所属的明细账户的期末余额计算填列，而需要根据总账账户和明细账账户余额分析填列，如“长期借款”、“应付债券”等项目。

（5）根据账户余额减去其备抵项目后的净额填列

由于公允价值的引入，企业的一些实物资产和非实物的长期资产在报告日要根据资产的公允价值计提减值准备，如“应收账款”、“长期股权投资”、“固定资产”、“无形资产”及存货类的项目。

（6）根据资产负债表中相关项目金额计算填列

如“流动资产合计”、“非流动资产合计”、“资产总计”、“流动负债合计”、“非流动负债合计”、“负债合计”、“所有者权益（或股东权益）合计”、“负债及所有者权益总计”等项目。

3. 资产负债表中常用项目的具体填列方法

①“货币资金”项目，反映企业库存现金、银行结算户存款、外埠存款、银行汇票存款、银行本票存款、信用卡存款、信用证保证金存款等的合计数。本项目应根据“库存现金”、“银行存款”、“其他货币资金”等科目的期末余额合计填列。

②“交易性金融资产”项目，反映企业持有的以公允价值计量且其变动计入当期损益的金融资产，包括为交易目的所持有的债券投资、股票投资、基金投资、权证投资等，和直接指定为以公允价值计量且其变动计入当期损益的金融资产。本项目应根据“交易性金融资产”科目的期末余额填列。

③“应收票据”项目，反映企业收到的未到期收款，也未向银行贴现的应收票据，包括商业承兑汇票和银行承兑汇票。本项目应根据“应收票据”科目的期末余额填列。已向银行贴现和已背书转让的应收票据不包括在本项目内，其中已贴现的商业承兑汇票应在会计报表附注中单独披露。

④“应收账款”项目，反映企业因销售商品、产品和提供劳务等而应向购买单位收取的各种款项，减去已计提的坏账准备后的净额。本项目应根据“应收账款”科目所属各明细科目的期末借方余额合计，减去“坏账准备”科目中有关应收账款计提的坏账准备期末余额后的金额填列。如“应收账款”科目所属明细科目期末有贷方余额，应在本表“预收账款”项目内填列。

企业与同一客户在购销商品结算过程中形成的债权债务关系，应当单独列示，不应当相互抵销。即应收账款不能与预收账款相互抵销、预付账款不能与应付账款相互抵销、应付账款不能与应收账款相互抵销、预收账款不能与预付账款相互抵销。

⑤“预付款项”项目，反映企业预付给供应单位的款项。本项目应根据“预付账款”科目所属各明细科目的期末借方余额合计填列，如“预付账款”科目所属有关明细科目期末有贷方余额的，应在本表“应付账款”项目内填列。若“应付账款”科目所属明细科目有借方余额的，也应包括在本项目内。

⑥“应收股利”项目，反映企业应收取的现金股利和应收其他单位分配的利润。本项目应根据“应收股利”科目的期末余额填列。

⑦“应收利息”项目，反映企业所持有的持有至到期投资、可供出售金融资产等应收取的利息。企业购入到期还本付息的持有至到期投资持有期间确认的利息收入，不包括在本项目内。本项目应根据“应收利息”科目的期末余额填列。

⑧“其他应收款”项目，反映企业对其他单位和个人的应收和暂付的款项，减去已计提的坏账准备后的净额。本项目应根据“其他应收款”科目的期末余额，减去“坏账准备”科目中有关其他应收款计提的坏账准备期末余额后的金额填列。

⑨“存货”项目，反映企业期末在库、在途和在加工中的各项存货的实际成本，包括原材料、周转材料等。本项目应根据“材料采购”、“在途物资”、“原材料”、“库存商品”、“发出商品”、“委托加工物资”、“周转材料”、“消耗性生物资产”、“生产成本”等科目的期末余额合计，减去“存货跌价准备”科目期末余额后的金额填列。

⑩“一年内到期的非流动资产”项目，反映企业将于一年内到期的非流动资产。本项目应根据有关科目的期末余额分析填列。

⑪“其他流动资产”项目，反映企业除以上流动资产项目外的其他流动资产，如企业“衍生工具”、“套期工具”、“被套期工具”的借方余额。本项目应根据有关科目的期末余额填列。如其他流动资产价值较大的，应在会计报表附注中披露其内容和金额。

⑫“可供出售金融资产”项目，反映企业持有的划分为可供出售金融资产的证券。本项目根据“可供出售金融资产”科目的期末余额填列。

⑬“持有至到期投资”项目，反映企业持有的划分为持有至到期投资的证券。本项目根据“持有至到期投资”科目的期末余额减去“持有至到期投资减值准备”科目的期末余额后填列。

⑭“长期应收款”项目，反映企业持有的长期应收款的可收回金额。本项目应根据“长期应收款”科目的期末余额，减去“坏账准备”科目所属相关明细科目余额，再减去“未确认融资收益”科目的期末余额后的金额分析填列。

⑮“长期股权投资”项目，反映企业不准备在 1 年内（含 1 年）变现的各种股权性质的投资的可收回金额。本项目应根据“长期股权投资”科目的期末余额，减去“长期股权投资减值准备”科目的期末余额后的金额填列。

⑯“投资性房地产”项目，反映企业持有的投资性房地产。本项目应根据“投资性房地产”科目的期末余额，减去“累计折旧（或累计摊销）”、“固定资产减值准备（或无形资产减值准备）”科目的期末余额后的金额分析计算填列。

⑰“固定资产”项目，反映企业的各种固定资产期末的实际价值。本项目应根据“固定资产”科目的期末余额，减去“累计折旧”、“固定资产减值准备”科目的期末余额后的金额分析计算填列。

⑱“在建工程”项目，反映企业期末各项未完工程的实际支出，包括：支付安装的设备价款，未完建筑安装工程已经耗用的材料、工资和费用支出，预付出包工程的价款，已经建筑安装完毕但尚未交付使用的工程等的可收回金额。本项目应根据“在建工程”科目的期末余额，减去“在建工程减值准备”科目的期末余额后的金额填列。

⑲“工程物资”项目，反映企业各项工程尚未使用的工程物资的实际成本。本项目应根据“工程物资”科目的期末余额填列。

⑳“固定资产清理”项目，反映企业因出售、毁损、报废、对外投资、非货币性资产交换、债务重组等原因转入清理但尚未清理完毕的固定资产的账面价值，以及固定资产清理过程中所发生的清理费用和变价收入等各项金额的差额。本项目应根据“固定资产清理”科目的期末借方余额填列。如“固定资产清理”科目的期末为贷方余额，以“-”号填列。

㉑“无形资产”项目，反映企业各项无形资产的期末可收回金额。本项目应根据“无形资产”科目的期末余额，减去“累计摊销”、“无形资产减值准备”科目的期末余额后的金额填列。

㉒“开发支出”项目，反映的是企业正在进行研究开发的项目中满足资本化条件的支出。根据“研发支出”科目的期末余额填列。

㉓“长期待摊费用”项目，反映企业尚未摊销的摊销期限在 1 年以上（不含 1 年）的各种费用，如租入固定资产改良支出、大修理支出及摊销期限在 1 年以上（不含 1 年）的其他待摊费用。本项目应根据“长期待摊费用”科目的期末余额减去 1 年内（含 1 年）摊销的数额后的金额填列。

㉔“递延所得税资产”项目，反映企业已确认的递延所得税资产的余额。本项目应根据“递延所得税资产”科目的期末借方余额填列。

㉕“其他非流动资产”项目，反映企业除以上资产以外的其他非流动资产。本项目应根据有关科目的期末余额填列。

㉖“短期借款”项目，反映企业借入尚未归还的 1 年期以下（含 1 年）的借款本金。本项目应根据“短期借款”科目的期末余额填列。

㉗“交易性金融负债”项目，反映企业承担的交易性金融负债的公允价值，包括企业持有的以公允价值计量且其变动计入当期损益的金融负债和直接指定为以公允价值计量且其变动计入当期损益的金融负债。本项目应根据“交易性金融负债”科目的期末余额填列。

㉘“应付票据”项目，反映企业为了抵付货款等而开出、承兑的尚未到期付款的应付票据，包括银行承兑汇票和商业承兑汇票。本项目应根据“应付票据”科目的期末余额填列。

㉙“应付账款”项目，反映企业购买原材料、商品和接受劳务供应等而应付给供应单位的款项。本项目应根据“应付账款”科目所属各有关明细科目的期末贷方余额合计填列；如“应付账款”科目所属各明细科目期末有借方余额，应在本表“预付账款”项目内填列。

建造承包商的“工程施工”期末余额小于“工程结算”期末余额的差额，应在“应付账款”项目中反映。

㉚“预收款项”项目，反映企业预收购买单位的账款。本项目应根据“预收账款”科目所属各有关明细科目的期末贷方余额合计填列。如“预收账款”科目所属有关明细科目期末有借方余额的，应在本表“应收账款”项目内填列。如“应收账款”科目所属明细科目有贷方余额的，也应包括在本项目内。

㉛“应付职工薪酬”项目，反映企业应付职工各种薪酬的结余。本项目应根据“应付职工薪酬”科目的期末贷方余额填列。如“应付职工薪酬”科目期末为借方余额，以“-”号填列。

㉜“应交税费”项目，反映企业期末尚未交纳的各种税费。本项目应根据“应交税费”科目的期末贷方余额填列。如“应交税费”科目期末为借方余额，以“-”号填列。

㉝“应付利息”项目，反映企业按照合同约定应支付但尚未支付的利息。本项目应根据“应付利息”科目的期末余额填列。

㉞“应付股利”项目，反映企业尚未支付的现金股利或利润。本项目应根据“应付股利”科目的期末余额填列。

㉟“其他应付款”项目，反映企业所有应付和暂收其他单位和个人的款项。本项目应根据“其他应付款”科目的期末余额填列。

㊱“一年内到期的非流动负债”项目，反映企业承担的一年内到期的非流动负债。本项目应根据有关非流动负债科目的期末余额分析填列。

㊲“其他流动负债”项目，反映企业除上述流动负债以外的其他流动负债。本项目应根据有关科目的期末余额填列，如“递延收益”科目的期末余额可在本项目内反映。如其他流动负债价值较大的，应在会计报表附注中披露其内容及金额。

㊳“长期借款”项目，反映企业借入尚未归还的 1 年期以上（不含 1 年）的借款本息。本项目应根据“长期借款”科目的期末余额填列。

㊴“应付债券”项目，反映企业发行的尚未偿还的各种长期债券的本息。本项目应根据“应付债券”科目的期末余额填列。

㊵“长期应付款”项目，反映企业除长期借款和应付债券以外的其他各种长期应付款。本项目应根据“长期应付款”科目的期末余额，减去“未确认融资费用”科目的期末余额后的金额填列。

㊶“预计负债”项目，反映企业已预计尚未清偿的债务，包括对外提供担保、未决诉讼、产品质量保证等有可能产生的负债。本项目应根据“预计负债”科目的期末余额填列。

㊷“递延所得税负债”项目，反映企业确认的递延所得税负债。本项目应根据“递延所得税负债”科目的期末余额分析填列。

㊸“其他非流动负债”项目，反映企业除以上的非流动负债以外的其他非流动负债。本项目应根据有关科目的期末余额填列。其他非流动负债价值较大的应在附注中披露其内容和金额。其中将于 1 年内（含 1 年）到期的非流动负债，应在流动负债类下“1 年内到期的非流动负债”项目内单独反映。

㊹“实收资本（或股本）”项目，反映企业投资者实际投入的资本（或股本）的总额。

本项目应根据“实收资本（或股本）”科目的期末余额填列。其中中外合作经营企业“实收资本”按扣除“已归还投资”后的净额填列。

㊺“资本公积”项目，反映企业资本公积的期末余额。本项目应根据“资本公积”科目的期末余额填列。

㊻“库存股”项目，反映企业收购的尚未转让或注销的本公司股份金额。本项目应根据“库存股”科目的余额填列。

㊼“盈余公积”项目，反映企业盈余公积的期末余额。本项目应根据“盈余公积”科目的期末余额填列。

㊽“未分配利润”项目，反映企业尚未分配的利润。本项目应根据“本年利润”科目和“利润分配”科目的余额计算填列。未弥补的亏损，在本项目内以“-”号填列。

㊾“外币报表折算差额”项目，反映将外币表示的资产负债表折算为本位币表示的资产负债表时，由于报表项目采用不同的折算汇率所产生的差额。

7.2 利 润 表

利润表又称为损益表，是反映企业一定会计期间的经营成果的会计报表。利润表将企业一定会计期间的营业收入与其同一会计期间的相关营业费用进行配比，以计算出企业一定会计期间的净利润（或净亏损）。

7.2.1 利润表的格式

利润表由表头、表身和表尾等部分组成。表头部分应列明报表名称、编制单位、编制期间和金额计量单位；表身部分反映利润的构成内容；表尾部分为补充说明。根据我国企业会计准则的规定，我国企业的利润表采用多步式利润表。利润表的格式如表 7-2 所示。

表 7-2 利润表格式

利润表			
			会企 02 表
编制单位：	年		单位：元
项　　目	行次	本年金额	上年金额
一、营业收入			
减：营业成本			
营业税费			
销售费用			
管理费用			
财务费用（收益以“－”号填列）			
资产减值损失			
加：公允价值变动净收益（净损失以“－”号填列）			
投资净收益（净损失以“－”号填列）			

续表

项　　目	行次	本年金额	上年金额
二、营业利润（亏损以“－”号填列）			
加：营业外收入			
减：营业外支出			
其中：非流动资产处置净损失（净收益以“－”号填列）			
三、利润总额（亏损总额以“－”号填列）			
减：所得税			
四、净利润（净亏损以“－”号填列）			
五、每股收益：			
（一）基本每股收益			
（二）稀释每股收益			
注：			

7.2.2 利润表的编制方法

利润表中各项目的数据来源主要是根据各损益类科目的发生额分析填列。月度利润表的数据栏分为“本月数”和“本年累计数”，“本月数”根据本期损益类账户的发生额填列，“本年累计数”根据上月利润表的“本年累计数”加上本月利润表的“本月数”填列，反映年初到本月末止的各损益类账户的累计发生额。

年度利润表数据分为“本年金额”和“上年金额”，这与月份利润表的栏目不同。年底利润表“本年金额”是第 12 月份的月利润报表的“本年累计数”，直接转抄。“上年金额”根据上年的年度利润表的“本年金额”填列。

利润表的各项目的具体填列方法如下。

①“营业收入”项目，反映企业经营主要业务和其他业务所确认的收入总额，本项目应根据“主营业务收入”和“其他业务收入”科目的发生额分析填列。

②“营业成本”项目，反映企业经营主要业务和其他业务所发生的成本总额，本项目应根据“主营业务成本”和“其他业务成本”科目的发生额分析填列。

③“营业税金及附加”项目，反映企业经营业务应负担的消费税、营业税、城市建设维护税、资源税、土地增值税和教育费附加等，本项目应根据“营业税金及附加”科目的发生额分析填列。

④“销售费用”项目，反映企业在销售商品过程中发生的包装费、广告费等费用，和为销售本企业商品而专设的销售机构的职工薪酬、业务费等经营费用，本项目应根据“销售费用”科目的发生额分析填列。

⑤“管理费用”项目，反映企业为组织和管理生产经营活动发生的管理费用，本项目应根据“管理费用”科目的发生额分析填列。

⑥“财务费用”项目，反映企业筹集生产经营所需资金等而发生的筹资费用，本项目应根据“财务费用”科目的发生额分析填列。

⑦“资产减值损失”项目，反映企业各项资产发生的减值损失，本项目应根据“资产减值损失”科目的发生额分析填列。

⑧“公允价值变动收益”项目，反映企业应当计入当期损益的资产或负债的公允价值变动收益。本项目应根据“公允价值变动损益”科目的发生额分析填列。如为净损失，本项目以“-”填列。

⑨“投资收益”项目，反映企业以各种方式对外投资所取得的收益。本项目应根据“投资收益”科目的发生额分析填列。如为投资损失，本项目以“-”填列。

⑩“营业利润”项目，反映企业实现的营业利润，如为亏损，本项目以“-”填列。

⑪“营业外收入”项目，反映企业发生的与经营业务无直接关系的各项收入，本项目应根据“营业外收入”科目的发生额分析填列。

⑫“营业外支出”项目，反映企业发生的与经营业务无直接关系的各项支出，本项目应根据“营业外支出”科目的发生额分析填列。

⑬“利润总额”项目，反映企业实现的利润，如为亏损，本项目以“-”填列。

⑭“所得税费用”项目，反映企业应从当期利润总额中扣除的所得税费用，本项目应根据“所得税费用”科目的发生额分析填列。

⑮“净利润”项目反映企业实现的净利润，如为亏损本项目以“-”填列。

⑯“基本每股收益”和“稀释每股收益”项目，反映普通股股东每持有一股所能享有的企业利润或需承担的企业亏损。不存在稀释性潜在普通股的企业应当单独列示基本每股收益；存在稀释性潜在普通股的企业应当单独列示基本每股收益和稀释股收益。

7.3 现金流量表

现金流量表是反映企业一定会计期间现金与现金等价物流入和流出的会计报表。

7.3.1 现金流量表的格式

现金流量表分为正表和补充资料两部分，各部分又分为各具体项目，这些项目从不同的角度反映企业业务活动的现金流入与流出，弥补了资产负债表和利润表无法提供与现金流量相关信息的不足。现金流量表格式如表7-3所示。

表7-3 现金流量表格式

现金流量表			
			会企 03 表
编制单位:	年度		单位：元
项　目	行　次	本年金额	上年金额
一、经营活动产生的现金流量：	1		
销售商品、提供劳务收到的现金	2		
收到的税费返还	3		
收到其他与经营活动有关的现金	4		
经营活动现金流入小计	5		
购买商品、接受劳务支付的现金	6		
支付给职工及为职工支付的现金	7		

续表

项　　目	行　次	本年金额	上年金额
支付的各项税费	8		
支付其他与经营活动有关的现金	9		
经营活动现金流出小计	10		
经营活动产生的现金流量净额	11		
二、投资活动产生的现金流量：	12		
收回投资收到的现金	13		
取得投资收益收到的现金	14		
处置固定资产、无形资产和其他长期资产收回的现金净额	15		
处置子公司及其他营业单位收到的现金净额	16		
收到其他与投资活动有关的现金	17		
投资活动现金流入小计	18		
购建固定资产、无形资产和其他长期资产支付的现金	19		
投资支付的现金	20		
取得子公司及其他营业单位支付的现金净额	21		
支付其他与投资活动有关的现金	22		
投资活动现金流出小计	23		
投资活动产生的现金流量净额	24		
三、筹资活动产生的现金流量：	25		
吸收投资收到的现金	26		
取得借款收到的现金	27		
收到其他与筹资活动有关的现金	28		
筹资活动现金流入小计	29		
偿还债务支付的现金	30		
分配股利、利润或偿付利息支付的现金	31		
支付其他与筹资活动有关的现金	32		
筹资活动现金流出小计	33		
筹资活动产生的现金流量净额	34		
四、汇率变动对现金的影响	35		
五、现金及现金等价物净增加额	36		
期初现金及现金等价物余额	37		
期末现金及现金等价物余额	38		
补　充　资　料	行　次	本年金额	上年金额
1．将净利润调节为经营活动现金流量：	39		
净利润	40		
加：资产减值准备	41		
固定资产折旧、油气资产折耗、生产性生物资产折旧	42		
无形资产摊销	43		
长期待摊费用摊销	44		
待摊费用减少（增加以“－”号填列）	45		

续表

项　　目	行　次	本年金额	上年金额
预提费用增加（减少以“—”号填列）	46		
处置固定资产、无形资产和其他长期资产的损失（收益以“—”号填列）	47		
固定资产报废损失（收益以“—”号填列）	48		
公允价值变动损失（收益以“—”号填列）	49		
财务费用（收益以“—”号填列）	50		
投资损失（收益以“—”号填列）	51		
递延所得税资产减少（增加以“—”号填列）	52		
递延所得税负债增加（减少以“—”号填列）	53		
存货的减少（增加以“—”号填列）	54		
经营性应收项目的减少（增加以“—”号填列）	55		
经营性应付项目的增加（减少以“—”号填列）	56		
其他	57		
经营活动产生的现金流量净额	58		
2．不涉及现金收支的重大投资和筹资活动：	59		
债务转为资本	60		
一年内到期的可转换公司债券	61		
融资租入固定资产	62		
3．现金及现金等价物净变动情况：	63		
现金的期末余额	64		
减：现金的期初余额	65		
加：现金等价物的期末余额	66		
减：现金等价物的期初余额	67		
现金及现金等价物净增加额	68		

7.3.2　现金流量表的编制方法

现金流量表的编制方法有直接法和间接法两种，其中直接法以营业收入为起点。现金流量表的正表采用直接法，按现金收入和现金支出的主要类别直接反映企业经营活动产生的现金流量。采用直接法编制经营活动的现金流量时，一般以利润表中的营业收入为起算点，调整与经营活动有关项目的增减变动，然后计算出经营活动现金流量。现金流量的数据可根据企业会计记录直接填列，也可根据资产负债表和利润表有关资料分析填列。

间接法以净利润为起点。补充资料采用间接法，以净利润为起点，调整不涉及现金收支的收入、费用和营业外收支等有关项目，据此计算出经营活动产生的现金流量。

正表和补充资料中各主要项目的具体填列方法如下。

1．经营活动产生的现金流量

①“销售商品、提供劳务收到的现金”项目，反映企业销售商品、提供劳务实际收到的现金（含销售收入和应向购买者收取的增值税额），包括本期销售商品、提供劳务收到的现金，以及前期销售和前期提供劳务本期收到的现金和本期预收的账款，减去本期退回

的本期销售的商品和前期销售、本期退回的商品支付的现金。企业销售材料等业务收到的现金，也在本项目反映。本项目可以根据“现金”、“银行存款”、“应收账款”、“应收票据”、“主营业务收入”、“其他业务收入”等账户的记录分析填列。

②“收到的其他与经营活动有关的现金”项目，反映企业除了销售商品、提供劳务收到的现金以外的其他与经营活动有关的现金流入，如罚款收入、流动资产损失中由个人赔偿的现金收入等。其他现金流入中价值较大的，应单列项目反映。本项目可以根据“现金”、“银行存款”、“营业外收入”等账户的记录分析填列。

③“购买商品、接受劳务支付的现金”项目，反映企业购买材料、商品、接受劳务实际支付的现金，包括本期购入材料、商品、接受劳务支付的现金（包括增值税进项税额），以及本期支付前期购入商品、接受劳务的未付款项和本期预付款项。本期发生的购货退回收到的现金应从本项目内减去。本项目可以根据“现金”、“银行存款”、“应付账款”、“应付票据”、“主营业务成本”等账户的记录分析填列。

④“支付给职工及为职工支付的现金”项目，反映企业实际支付给职工，以及为职工支付的现金，包括本期实际支付给职工的工资、奖金、各种津贴和补贴等，以及为职工支付的其他费用。支付的在建工程人员的工资，在“购建固定资产、无形资产和其他长期资产所支付的现金”项目反映。本项目可以根据“应付职工薪酬”、“现金”、“银行存款”等账户的记录分析填列。

企业为职工支付的养老、失业等社会保险基金、补充养老保险、住房公积金、支付给职工的住房困难补助，以及支付给职工或为职工支付的其他福利费用等，应按职工的工作性质和服务对象，分别在本项目和在“购建固定资产、无形资产和其他长期资产所支付的现金”项目反映。

⑤“支付的各项税费”项目，反映企业按规定支付的各种税费，包括本期发生并支付的税费，以及本期支付以前各期发生的税费和预交的税金，如支付的教育费附加、矿产资源补偿费、印花税、房产税、土地增值税、车船使用税、预交的营业税等。不包括计入固定资产价值的税费、实际支付的耕地占用税等，也不包括因多计等原因于本期退回的各项税费。本项目可以根据“应交税费”、“现金”、“银行存款”等账户的记录分析填列。

⑥“支付的其他与经营活动有关的现金”项目，反映企业除了上述各项目以外，支付的其他与经营活动有关的现金流出，如罚款支出、支付的差旅费、业务招待费现金支出、支付的保险费等，其他现金流出中价值较大的，应单列项目反映。本项目可以根据有关账户的记录分析填列。

2. 投资活动产生的现金流量

①“收回投资所收到的现金”项目，反映企业出售、转让或到期收回除现金等价物以外的交易性金融资产、长期股权投资而收到的现金，以及收回长期债权投资本金而收到的现金。不包括长期债权投资收回的利息，以及收回的非现金资产。本项目可以根据“交易性金融资产”、“长期股权投资”、“现金”、“银行存款”等账户的记录分析填列。

②“取得投资收益所收到的现金”项目，反映企业因股权性投资和债权性投资而取得

的现金股利、利息，不包括股票股利。本项目可以根据“现金”、“银行存款”、“投资收益”等账户的记录分析填列。

③“处置固定资产、无形资产和其他长期资产所收回的现金净额”项目，反映企业处置固定资产、无形资产和其他长期资产所取得的现金，减去为处置这些资产而支付的有关费用后的净额。本项目可以根据“固定资产清理”、“现金”、“银行存款”等账户的记录分析填列。

④“收到的其他与投资活动有关的现金”项目，反映企业除了上述各项目以外，收到的其他与投资活动有关的现金流入。其他现金流入中价值较大的，应单列项目反映。本项目可以根据有关账户的记录分析填列。

⑤“购建固定资产、无形资产和其他长期资产所支付的现金”项目，反映企业购买、建造固定资产，取得无形资产和其他长期资产所支付的现金，不包括为购建固定资产而发生的借款利息资本化的部分，以及融资租入固定资产支付的租赁费。借款利息和融资租入固定资产支付的租赁费，在筹资活动产生的现金流量中反映。本项目可以根据“固定资产”、“在建工程”、“无形资产”、“现金”、“银行存款”等账户的记录分析填列。

⑥“投资所支付的现金”项目，反映企业进行权益性投资和债权性投资支付的现金，包括企业取得的除现金等价物以外的短期股票投资、短期债券投资、长期股权投资、长期债权投资支付的现金，以及支付的佣金、手续费等附加费用。本项目可以根据“长期股权投资”、“交易性金融资产”、“现金”、“银行存款”等账户的记录分析填列。

⑦“支付的其他与投资活动有关的现金”项目，反映企业除了上述各项以外，支付的其他与投资活动有关的现金流出。其他现金流出中价值较大的，应单列项目反映。本项目可以根据有关账户的记录分析填列。

3. 筹资活动产生的现金流量

①“吸收投资所收到的现金”项目，反映企业收到的投资者投入的现金，本项目可以根据“实收资本”、“现金”、“银行存款”等账户的记录分析填列。

②“借款所收到的现金”项目，反映企业举借各种短期、长期借款所收到的现金。本项目可以根据“短期借款”、“长期借款”、“现金”、“银行存款”等账户的记录分析填列。

③“收到的其他与筹资活动有关的现金”项目，反映企业除了上述各项目以外，收到的其他与筹资活动有关的现金流入，如接受现金捐赠等。本项目可以根据有关账户的记录分析填列。

④“偿还债务所支付的现金”项目，反映企业以现金偿还债务的本金，包括偿还金融企业的借款本金等。企业偿还的借款利息，在“分配股利、利润或偿付利息所支付的现金”项目反映，不包括在本项目内。本项目可以根据“短期借款”、“长期借款”、“现金”、“银行存款”等账户的记录分析填列。

⑤“分配股利、利润或偿付利息所支付的现金”项目，反映企业实际支付的现金股利、支付给其他投资单位的利润及支付的借款利息等。本项目可以根据“应付利润”、“财务费用”、“长期借款”、“现金”、“银行存款”等账户的记录分析填列。

⑥“支付的其他与筹资活动有关的现金”项目，反映企业除了上述各项目以外，支付的其他与筹资活动有关的现金流出，如捐赠现金支出、融资租入固定资产支付的租赁费等。本项目可以根据有关账户的记录分析填列。

表中“本年数”栏反映各项目自年初起至报告期末止的累计实际发生数或本年实际发生数。在编制年度财务报表时，还应在“上年数”填列上年全年累计实际发生数。如果上年度现金流量表与本年度现金流量表的项目名称和内容不一致，应对上年度现金流量表项目的名称和数字按本年度的规定进行调整，填入本表“上年数”栏。

第 8 章

会计档案管理

8.1 会计档案概述

8.1.1 会计档案的概念

会计档案是指会计凭证、会计账簿和财务报告等会计核算专业资料，是记录和反映单位经济业务的重要史料和证据。由此可见，会计档案是机关团体和企事业单位在其日常经营活动的会计处理过程中形成的，并按照规定保存备查的会计信息载体，以及其他有关财务会计工作应予集中保管的财务成本计划、重要的经济合同等文件资料。

会计档案是国家经济档案的重要组成部分，是企业单位日常发生的各项经济活动的历史记录，是总结经营管理经验、进行决策所需的主要资料，也是检查各种责任事故的重要依据。各单位的会计部门对会计档案必须高度重视、严加保管。大、中型企业应建立会计档案室，小型企业应有会计档案柜并指定专人负责。对会计档案应建立严密的保管制度，妥善管理，不得丢失、损坏、抽换或任意销毁。

8.1.2 会计档案的基本内容

按照《会计档案管理办法》的规定，企业单位的会计档案包括以下具体内容。

1. 会计凭证类

会计凭证是记录经济业务、明确经济责任的书面证明。它包括自制原始凭证、外来原始凭证、原始凭证汇总表、记账凭证（收款凭证、付款凭证、转账凭证三种）、记账凭证汇总表、银行存款（借款）对账单、银行存款余额调节表等内容。

2. 会计账簿类

会计账簿是由一定格式、相互联结的账页组成的，以会计凭证为依据，全面、连续、系统地记录各项经济业务的簿籍。它包括按会计科目设置的总分类账、各类明细分类账、现金日记账、银行存款日记账、固定资产卡片及辅助登记备查簿等。

3. 财务报告类

会计报告是反映企业会计财务状况和经营成果的总结性书面文件，包括会计报表（资产负债表、损益表、现金流量表）、附表、附注及文字说明，其他财务报告。财务报告按照报告期间可以分为主要财务指标快报、月报、季报、半年报、年报。

4. 其他类

其他类包括银行存款余额调节表、银行对账单、其他应当保存的会计核算专业资料、会计档案移交清册、会计档案保管清册、会计档案销毁清册。

8.2 会计档案的装订

会计档案的装订，是指各种记账凭证在办理各种业务手续并据以记账以后，由会计人员定期清点、整理、分类的程序和方法。

8.2.1 会计档案装订的注意事项

① 每月记账完毕后，会计人员将本月各种凭证加以整理，检查有无缺号及附件是否齐全。在本模拟企业中，应将收款凭证、付款凭证和转账凭证分开整理，单独成册。

② 在确认记账凭证和所附原始凭证完整无缺后，将凭证折叠整齐，按凭证编号的顺序，加上封面、封底，装订成册，并在装订线上加贴封条。

③ 装订成册的封面上写明单位名称和会计凭证的名称，还要填写此册记账凭证所包含的经济业务事项发生的年、月、日，凭证的起止号码和起止日期，以及记账凭证和原始凭证的张数等。为慎重起见，在记账凭证的封面上应加盖单位负责人和财务负责人的印章，装订人应在装订线封签处签名或盖章。

8.2.2 会计档案装订的过程

会计档案装订的过程如下。

① 将整理好单独成册的收款凭证、付款凭证和转账凭证依次装订。

将凭证封面和封底，分别附在每一册凭证前面和后面，再拿一张护角左对齐并上对齐放在凭证封面的上面（也可以再找一张凭证封皮，裁下一半用，另一半为订下一本凭证备用，放在封面上角，做护角）。会计凭证的封面、封底、护角分别如图 8-1、图 8-2、图 8-3 所示。

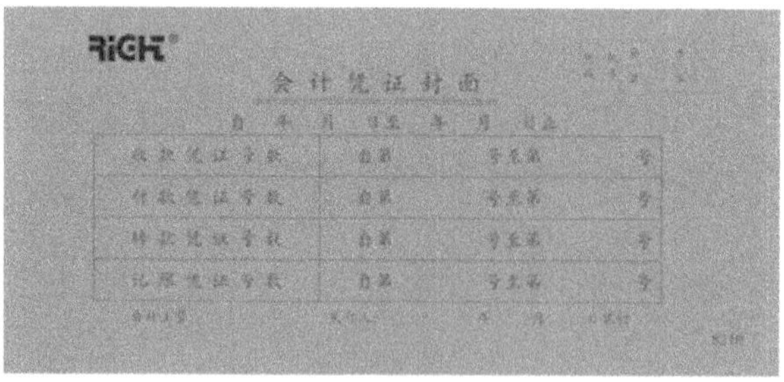

图 8-1 会计凭证封面

图 8-2 会计凭证封底

图 8-3 记账凭证护角

② 在凭证的左上角画一边长为 5 厘米的等腰三角形，用夹子夹住，用装订机在底线上分布均匀地打两个孔，如图 8-4 所示。

③ 用大针引线绳穿过两个眼儿，穿线过程见图 8-4。在穿线过程中，每一步必须将线拉到最紧，这样才能保证装订好的凭证可以更好、更久地保存和使用。在凭证的背面打线结，并将多余的线头剪掉。

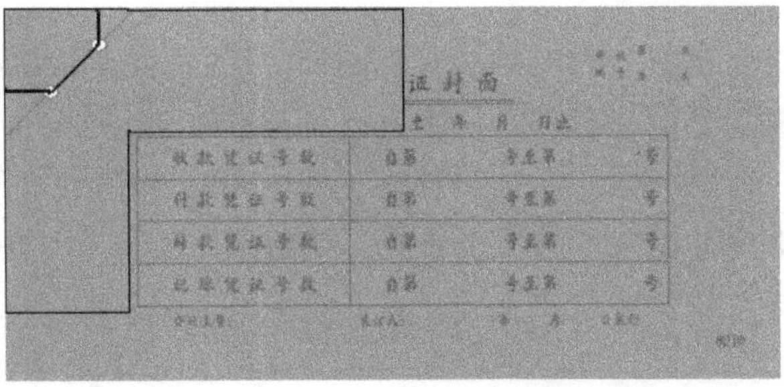

图 8-4　凭证缝线方法

④ 将护角沿着两孔之间的直线向左上侧折叠，如果是用半张凭证封面当做护角的，则需要按照图 8-5②中的虚线剪开。

⑤ 然后把护角上部和左部多出封面的部分向后折叠，再抹上胶水将其和凭证背部粘牢，并将侧面和背面的线绳扣粘紧，如图 8-5 所示。

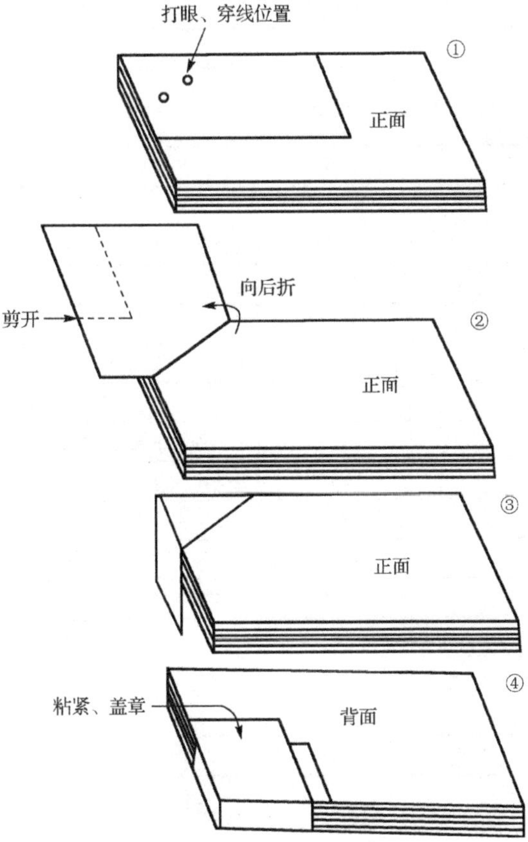

图 8-5　凭证装订方法

⑥ 待晾干后，在凭证本的脊背上面写上“某年某月第几册共几册”的字样或“从某年某月某日到某年某月某日第几册共几册”的字样。装订人在装订线封签处签名或盖章。现金凭证、银行凭证和转账凭证最好按顺序编号，一个月从头编一次序号。

8.3 会计档案的保管与借阅

为了加强会计档案的科学管理，统一全国会计档案管理制度，做好会计档案管理工作，国家财政部、国家档案局于1998年8月21日以财会字[1998]32号文发布了《会计档案管理办法》，统一规定了会计档案的立卷、归档、保管、调阅和销毁等具体内容。

各单位往年形成的会计档案，都应由企业会计部门按照归档的要求整理、立卷并装订成册；当年的会计档案，要在会计年度终了后，由本单位财会部门保管一年，期满后移交单位档案管理部门。

会计档案应分类保存，并建立相应的分类目录或卡片，随时进行登记。按照《会计档案管理办法》的规定，会计档案的保管期限分为永久保管和定期保管两类，其中定期保管期限又分为3年、5年、10年、15年、25年，时间是从会计年度终了后第一天算起。企业单位的会计档案的具体保管期限如表8-1所示。

表8-1　会计档案保管期限表

序号	档案名称	保管期限	备注
一	会计凭证类		
1	原始凭证	15年	
2	记账凭证	15年	
3	汇总凭证	15年	
二	会计账簿类		
4	总账	15年	包括日记账
5	明细账	15年	
6	日记账	15年	现金和银行存款日记账保管25年
7	固定资产卡片		固定资产报废清理后保管5年
8	辅助账簿	15年	
三	财务报告类		包括各级主管部门汇总财务报告
9	月、季度财务报告	3年	包括文字分析
10	年度财务报告（决算）	永久	包括文字分析
四	其他类		
11	会计移交清册	15年	
12	会计档案保管清册	永久	
13	会计档案销毁清册	永久	
14	银行余额调节表	5年	
15	银行对账单	5年	

会计档案归档保管之后，需要调阅会计档案的，应在办理档案调阅手续后方可调阅。应设置“会计档案调阅登记簿”，详细登记调阅日期、调阅人、调阅理由、归还日期等内容。

本单位调阅会计档案，需经会计主管人员同意，外单位调阅本单位会计档案，要有正式的介绍信，经单位领导批阅。对借出的会计档案要及时督促归还。未经批准，调阅人员不得将会计档案携带外出，不得擅自摘录有关数据。遇特殊情况需要影印复制会计档案的，必须经过本单位领导批准，并在“会计档案调阅登记簿”内详细记录会计档案影印复制的情况。

凭证、账簿和会计报表超过规定的保管期限予以销毁时，应经过认真的鉴定，填写“会计档案销毁清册（报告单）”，详细列明欲销毁会计档案的类别、名称、册（张）数及所属年月等。然后由会计主管人员和单位领导审查签字，报经上级主管部门批准后才予以销毁。在销毁时，要由会计主管人员或稽核人员负责监销，并在“会计档案销毁单”上签字。“会计档案销毁清册（报告单）”要长期保存。

采用电子计算机进行会计核算的单位，应当保存打印出的纸质会计档案。具备采用磁带、磁盘、光盘、微缩胶片等磁性介质保存会计档案条件的，由国务院业务主管部门统一规定，并报财政部、国家档案局备案。关、停、并、转单位的会计档案，应根据会计档案登记簿编制移交清册，移交给上级主管部门或指定的接收单位接收保管。

会计档案保管人员调动工作，应按照规定，办理正式的交接手续。

附录

模拟业务相关原始凭证①

业务 1：附原始凭证 1 张。

入　库　单

2011年12月 1日　　　　连续号 12546001

交来单位及部门	新疆农贸有限责任公司	发票号码或生产单号码	80187233	验收仓库	第二仓库	入库日期	2011.12.1			
编号	名称及规格	单位	数量		实际价格		计划价格		价格差异	
			交库	实收	单价	金额	单价	金额		
	棉花	千	180000	180000	14.5	2610000	15.00	2700000	-90000.00	（三）财务联
合计						¥2610000		¥2700000	-90000.00	

财务部门主管　　记账　　保管部门主管 王鑫　　验收 李海　　单位部门主管　　缴库 刘逸

凭证 1-1/1

业务 2：附原始凭证 2 张。

领　料　单

0204109

领料部门：纺纱车间　　（三联式）　　字第 20110102 号

用　途：经纱　　2011 年 12 月 02 日

材料			单位	数量		成本										材料账页
						单价	总价									
编号	名称	规格		请领	实发		百	十	万	千	百	十	元	角	分	
	棉花		千克	100000	100000	15.00	1	5	0	0	0	0	0	0	0	
							1	5	0	0	0	0	0	0	0	

第二联：会计部门记账

主管：刘响　　会计：　　记账：肖芳　　保管：　　发料：王鑫　　领料：张唯

凭证 2-1/2

领　料　单

0204109

领料部门：纺纱车间　　（三联式）　　字第 20110101 号

用　途：纬纱　　2011 年 12 月 02 日

材料			单位	数量		成本										材料账页
						单价	总价									
编号	名称	规格		请领	实发		百	十	万	千	百	十	元	角	分	
	棉花		千克	50000	50000	15.00		7	5	0	0	0	0	0	0	
							¥	7	5	0	0	0	0	0	0	

第二联：会计部门记账

主管：刘响　　会计：　　记账：肖芳　　保管：　　发料：王鑫　　领料：张唯

凭证 2-2/2

① 附录凭证供实训者裁剪使用，采用单面印刷。

业务 3：

（　　中国 银行）**进账单**（收账通知）　　　　3

2011　年 12 月 02 日

付款人	全 称	北京红太阳服装有限公司	收款人	全 称	江城纺织有限责任公司
	账 号	222140098704672		账 号	818456835493257
	开户行	中国银行北京支行		开户行	中国银行湖北支行
金 额	人民币(大写) 玖拾叁万陆仟元整			亿千百十万千百十元角分	¥93600000
票据种类		转账	中国银行湖北支行 转账 转讫		
票据张数		1张			
复核　　记账				收款人开户银行签章	

此联是收款人开户银行交给收款人的收账凭证

凭证 3-1/1

业务 4：

差旅费报销单

单位名称：江城纺织有限责任公司　　填报日期　2011　年 12　月 03　日　　单位：元

姓　名	张三	职　务	业务员	出差事由	联系业务	出差时间	2011年11月26日 2011年12月02日		备注
日期		起止地点			其　他　费　用				
月	日	起	止	类别	金额	项目	标准	计算天数	核报金额
11	26	武汉	南京	车票	¥250.00	住宿费 包干报销	¥ 150.00	7	¥ 1050.00
12	02	南京	武汉	车票	¥250.00	住宿费 限额报销			
						伙食补助费	¥ 100.00	7	¥ 700.00
						车、船补助费	¥ 100.00		¥ 100.00
						其他杂支			
小　计					¥500.00	小　计			¥1850.00
总计金额（大写）		贰仟叁佰伍拾零元零角零分				预支 ¥2000.00 核销 ¥2350.00 退补 ¥350.00			

主管　　部门　　审核　　出纳　　填报人 张三

凭证 4-1/9

江城纺织有限责任公司领款单

2011 年 12 月 03 日

领款人签名	张三
领款事由	报销差旅费
收到人民币（大写）	叁佰伍拾元整
附注	

核准：张青　　会计：　　出纳：罗杨　　经办人：张三

凭证 4-2/9

02S002612 武昌站
武汉 N304次 南京
Wuhan → Nanjing
2011年11月26日16:46开 16车024号
¥250.00元 新空调硬座快速
限乘当日当次车
在2日内到有效

凭证 4-3/9

02S0026 南京站
南京 N304次 武汉
Nanjing → Wuhan
2011年12月02日12:46开 6车024号
¥250.00元 新空调硬座快速
限乘当日当次车
在2日内到有效

凭证 4-4/9

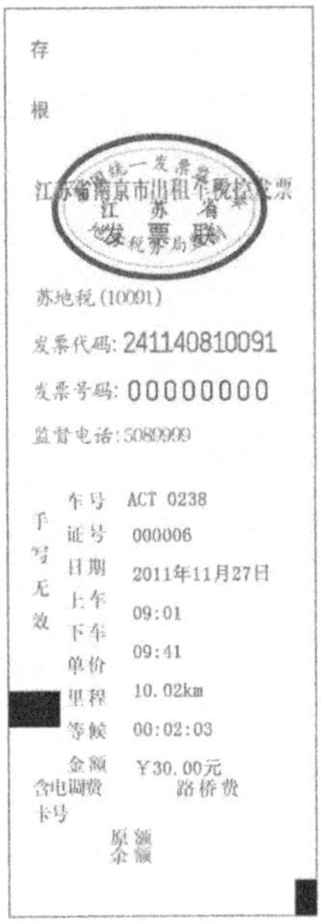
存根
江苏省南京市出租车税控发票
发票联
苏地税(10091)
发票代码: 241140810091
发票号码: 00000000
监督电话: 5089999
手写无效
车号 ACT 0238
证号 000006
日期 2011年11月27日
上车 09:01
下车 09:41
单价
里程 10.02km
等候 00:02:03
金额 ¥30.00元
含电调费 路桥费
卡号
原额
余额

凭证 4-5/9

存根
江苏省南京市出租车税控发票
发票联
苏地税(10091)
发票代码: 241140810091
发票号码: 00000000
监督电话: 5089999
手写无效
车号 ACT 0238
证号 00000620
日期 2011年11月28日
上车 10:01
下车 10:40
单价
里程 11.00km
等候 00:01:03
金额 ¥30.00元
含电调费 路桥费
卡号
原额
余额

凭证 4-6/9

存根
江苏省南京市出租车税控发票
发票联
苏地税(10091)
发票代码: 241140810091
发票号码: 00000000
监督电话: 5089999
手写无效
车号 ACT 023256
证号 0000062015
日期 2011年11月30日
上车 12:30
下车 01:25
单价
里程 18.00km
等候 00:04:03
金额 ¥40.00元
含电调费 路桥费
卡号
原额
余额

凭证 4-7/9

江苏省地方税收通用发票(电子) 电子发票 手写无效
发票联
发票代码 24401110703
发票号码 28723112
开票日期: 2011-11-31 19:26:31 行业类别: 饮食业
付款方名称: (单位)江城纺织有限责任公司
付款方识别号:
收款方名称: 香格里拉大酒店有限公司
收款方识别号: 440105745997714
主管税务机关: 南京市玄武区地方税务局
防伪码: 0988168159711122764085

序号	开票项目说明	金额
1	住宿费	1,050.00

合计(大写): 壹仟零伍拾圆整 合计(小写): ¥1,050.00
附注:
开票单位盖章: (4) 开票人: 林彦伸
查询网址: http://www.gdltax.gov.cn
发票联 付款方付款凭证
NO. 1103001-49168467

凭证 4-8/9

南京市定额专用发票

发票联　　　　　　　　　　　　　　　　兑奖联

发票代码：231000779051　　　　发票代码：231000779051

发票号码：00879709　　　　　　发票号码：00879709

密码：　　　　　　　　　　　　　　奖区：

付款单位(个人)：

经营项目：

柒 佰 元　　　¥ 700.00元

收款单位(盖章有效)　　　开票日期　　　月　日

1. 刮开奖区覆盖层后显示中奖金额或"谢谢您"。
2. 中奖后，在兑奖前不得将发票联和兑奖联撕开。否则，不予兑奖。

凭证 4-9/9

业务 5：

3200063170　　　**湖北省　　增值税专用发票**　　　No 00237251

记账联

开票日期：2011 年 12 月 03 日

购货单位	
名　称：	浙江省绍兴大元纺织有限责任公司
纳税人识别号：	330621741033010
地址、电话：	绍兴市中兴北路550号 0575-88218827
开户行及账号：	中国农业银行绍兴支行 510101040017815

密码区：

*-*5436*6+76>22126690 加密版本：01
/073-68-<9-/+5172599　3100083620
8796>2017<226<-13--8/　01454880
77>+79*<*76479+9<>>//

货物或应税劳务名称	规格型号	单位	数量	单价	金额	税率	税额
棉布	150	米	500000	10.00	5000000.00	17%	850000.00
棉布	230	米	500000	12.00	6000000.00	17%	1020000.00
合计					¥11000000.00		¥1870000.00

价税合计（大写）　壹仟贰佰捌拾柒万元整　　（小写）¥12870000.00

销售单位	
名　称：	江城纺织有限责任公司
纳税人识别号：	420104300025065
地址、电话：	湖北武汉市硚口区建设大道368号
开户行及账号：	中国银行湖北支行 818456835493257

备注：

收款人：　　复核：　　开票人：刘国建　　销货单位（章）

第四联：记账联　销货方记账凭证

（印章：江城纺织有限责任公司 420104300025065 发票专用章）

凭证 5-1/4

销售单

购货单位：绍兴大元纺织有限公司　地址和电话：绍兴市中兴北路550号0575-88218827　单据编号：JC010201

纳税识别号：330621741033010　开户行及账号：中国农业银行绍兴支行510101040017815　制单日期：2011.12.03

编码	产品名称	规格	单位	单价	数量	金额	备注
	棉布150		米	10.00	500000	5000000.00	
	棉布230		米	12.00	500000	6000000.00	
合计	人民币（大写）：壹仟壹佰万元整					¥11000000.00	

第三联：记账联

总经理：江展今　　销售经理：王锋　　经手人：肖成　　会计：肖芳

凭证 5-2/4

（　　中国 银行）进账单(收账通知)　　3

2011　年 12 月 03 日

付款人	全 称	浙江省绍兴大元纺织有限公	收款人	全 称	江城纺织有限责任公司
	账 号	510101040017815		账 号	818456835493257
	开户行	中国银行浙江支行		开户行	中国银行湖北支行
金 额	人民币(大写) 壹仟贰佰捌拾柒万元整				
票据种类	转账				
票据张数	1张				
复核　记账				收款人开户银行签章	

亿	千	百	十	万	千	百	十	元	角	分
¥	1	2	8	7	0	0	0	0	0	0

中国银行湖北支行 转账 转讫

此联是收款人开户银行交给收款人的收账凭证

凭证 5-3/4

出　库　单

出货单位：江城纺织有限责任公司　　2011 年12月03日　　连续号 45216001

提货单位或领货部门	绍兴大元纺织有限公司	销售单号	JC010201	发出仓库	第一仓库	出库日期	2011.12.03

编 号	名称及规格	单位	数量 要数	数量 实发	单 价	金 额	备 注
	棉布150	米	500000	500000	10.00	5000000	
	棉布230	米	500000	500000	12.00	6000000	
合　计						¥11000000	

总经理 江辰兮　收货　　发货部门经理 肖成　　收货人 李飞　　领用部门经理

（三）记账联

凭证 5-4/4

业务 6：

（　　中国 银行）进账单(收账通知)　　3

2011　年 12 月 04 日

付款人	全 称	武汉市丰达有限公司	收款人	全 称	江城纺织有限责任公司
	账 号	813416077608091526		账 号	818456835493257
	开户行	中国银行湖北支行		开户行	中国银行湖北支行
金 额	人民币(大写) 伍万捌仟伍佰元整				
票据种类	转账				
票据张数	1张				
复核　记账				收款人开户银行签章	

亿	千	百	十	万	千	百	十	元	角	分
			¥	5	8	5	0	0	0	0

中国银行湖北支行 转账 转讫

此联是收款人开户银行交给收款人的收账凭证

凭证 6-1/1

业务 7：

中国银行
转账支票存根
23097251
附加信息

出票日期 2011 年 12 月 04 日

收款人	武汉三洋批发
金　额	¥174564.00
用　途	采购材料

单位主管 张青　会计

凭证 7-1/5

中国银行 BANK OF CHINA　**业务收费凭证**

币别：人民币　2011 年 12 月 [illegible] 日　流水号：[illegible]

付款人	江城纺织有限责任公司		账号	818456835493257		客户回单
工本费金额	手续费金额	电子汇划费金额			合计金额	
	¥50.00				¥50.00	
金额（大写）：人民币伍拾元整						
付款方式	转账					
备注：业务类型：对公收费 同城通存通兑手续费（按笔）			中国银行湖北分行办讫章		银行盖章	

会计主管　授权　复核　柜员 李丽

凭证 7-2/5

3200063170　湖北省　增值税专用发票　No 00337762

发票联　开票日期：2011 年 12 月 04 日

购货单位	
名　称：	江城纺织有限责任公司
纳税人识别号：	420104300025065
地址、电话：	武汉市硚口区建设大道368号027-83259427
开户行及账号：	中国银行湖北支行 818456835493257

密码区：*-*5436*6+76>22126690 加密版本：01 /073-68-<9-/+5172599 3100083620 8796>2017<226<-13-8/ 01454880 77>+79*<*76479+9<>>//

货物或应税劳务名称	规格型号	单位	数量	单价	金额	税率	税额
浆料	淀粉		2000	2.10	4200.00	17%	714.00
轴承	SL-6819A	个	15000	5.50	82500.00	17%	14025.00
钢筘	75#	片	200	245.00	49000.00	17%	8330.00
合计					¥135700.00		¥23069.00

价税合计（大写）　壹拾伍万捌仟柒佰陆拾玖元整　（小写）¥158769.00

销货单位	
名　称：	武汉三洋批发有限公司
纳税人识别号：	420103877715443
地址、电话：	湖北省武汉市江汉路152号 027-88645971
开户行及账号：	中国银行湖北支行813416077608111562

备注：武汉三洋批发有限公司 420103877715443 发票专用章

收款人：　复核：　开票人：肖林　销货单位（章）：

第三联：发票联　购货方记账凭证

凭证 7-3/5

3200063170　湖北省　增值税专用发票　No 00337763

发票联　开票日期：2011 年 12 月 04 日

购货单位	
名　称：	江城纺织有限责任公司
纳税人识别号：	420104300025065
地址、电话：	武汉市硚口区建设大道368号027-83259427
开户行及账号：	中国银行湖北支行 818456835493257

密码区：*-*5436*6+76>22126690 加密版本：01 /073-68-<9-/+5172599 3100083620 8796>2017<226<-13-8/ 01454880 77>+79*<*76479+9<>>//

货物或应税劳务名称	规格型号	单位	数量	单价	金额	税率	税额
纸管	1#	个	30000	0.45	13500.00	17%	2295.00
合计					¥13500.00		¥2295.00

价税合计（大写）　壹万伍仟柒佰玖拾伍元整　（小写）¥15795.00

销货单位	
名　称：	武汉三洋批发有限公司
纳税人识别号：	420103877715443
地址、电话：	湖北省武汉市江汉路152号 027-88645971
开户行及账号：	中国银行湖北支行813416077608111562

备注：武汉三洋批发有限公司 420103877715443 发票专用章

收款人：　复核：　开票人：肖林　销货单位（章）：

第三联：发票联　购货方记账凭证

凭证 7-4/5

入 库 单

2011年12月04日　　　　连续号 12546002

交来单位及部门	武汉三洋批发有限公司	发票号码或生产单号码	00337762	验收仓库	第二仓库	入库日期	2011.12.04

编号	名称及规格	单位	数量		实际价格		计划价格		价格差异
			交库	实收	单价	金额	单价	金额	
	浆料 淀粉		2000	2000	2.10	4200	2.00	4000.00	200.00
	轴承 SL-6819A	个	15000	15000	5.50	82500	5.00	75000.00	7500.00
	钢筘 75#	片	200	200	245.00	49000	250.00	50000.00	-1000.00
	纸管 1#	个	30000	30000	0.45	13500	0.50	15000.00	-1500.00
合计						¥149200		¥144000	¥5200.00

（三）财务联

财务部门主管　　记账　　保管部门主管 王鑫　　验收 李海　　单位部门主管　　缴库 刘逸

凭证 7-5/5

业务 8：

3200063170　　湖北省　增值税专用发票　　No 00238658

发票联

开票日期：2011 年 12 月 05 日

购货单位	
名　称:	江城纺织有限责任公司
纳税人识别号:	420104300025065
地址、电话:	武汉市硚口区建设大道368号027-83259427
开户行及账号:	中国银行湖北支行 818456835493257

密码区：*.*5436*6+76>22126690 加密版本：01 /073-68-<9-/+5172599 3100083620 8796>2017<226<-13-6/ 01454880 77>+79*<*76479+9<>>//

货物或应税劳务名称	规格型号	单位	数量	单价	金额	税率	税额
棉花		千克	400000	16.00	6400000.00	13%	832000.00
合计					¥6400000.00		¥832000.00

价税合计（大写）　柒佰贰拾叁万贰仟元整　　（小写）¥7232000.00

销货单位	
名　称:	湖北长盛有限责任公司
纳税人识别号:	420104177732985
地址、电话:	湖北省武汉市友谊大道503号 027-8288974(
开户行及账号:	中国工商银行湖北支行5309001264367898

备注：湖北长盛有限责任公司 420104177732985 发票专用章

收款人：　　复核:　　开票人：李云　　销货单位（章）：

第三联：发票联 购货方记账凭证

凭证 8-1/2

入 库 单

2011年12月05日　　　　连续号 12546003

交来单位及部门	湖北长盛有限责任公司	发票号码或生产单号码	00238658	验收仓库	第二仓库	入库日期	2011.12.05

编号	名称及规格	单位	数量		实际价格		计划价格		价格差异
			交库	实收	单价	金额	单价	金额	
	棉花	千克	400000	400000	16.00	6400000	15.00	6000000	400000
合计						¥6400000		¥6000000	¥400000

（三）财务联

财务部门主管　　记账　　保管部门主管 王鑫　　验收 李海　　单位部门主管　　缴库 刘逸

凭证 8-2/2

业务 9：

中国银行
转账支票存根
23097252

附加信息
应付票据到期

出票日期 2011 年 12 月 05 日

收款人	武汉农副产品
金　额	¥140400.00
用　途	支付前欠货款

单位主管 张青 会计

凭证 9-1/2

银行承兑汇票（存根）　3　汇票号码

出票日期（大写）　贰零壹壹年壹拾贰月零伍　日

出票人全称	江城纺织有限责任公司	收款人	全称	武汉农副产品有限公司
出票人账号	818456835493257		账号	5248658795874341
付款行全称	中国银行湖北分行		开户银行	中国银行湖北分行
出票金额	人民币（大写）壹拾肆万零肆佰元整		亿 千 百 十 万 千 百 十 元 角 分	¥ 1 4 0 4 0 0 0 0
汇票到期日（大写）	贰零壹壹年壹拾贰月贰拾伍日	付款行	行号	0325
承兑协议编号	0025		地址	武汉市硚口区建设大道368号

江城纺织有限责任公司财务专用章　江兮印辰　中国银行 汇票专用章

备注：

此联由出票人存查

凭证 9-2/2

业务 10：

武汉市税务局印花税票报销专用凭证　NO. 078255

购货单位：武汉市江城纺织有限责任公司　2011年12月6日

印花税票面值	单　位	数　量	十	万	千	百	十	元	角	分	备　注
壹　角	枚										
贰　角	枚										
伍　角	枚										
壹　元	枚										
贰　元	枚										
伍　元	枚										
壹拾元	枚	20				2	0	0	0	0	
伍拾元	枚	2				1	0	0	0	0	
壹佰元	枚	1				1	0	0	0	0	
合计人民币（大写）肆佰元整					¥	4	0	0	0	0	

经办单位：武汉市工商税务管理局　经办人：赵普

第一联　收据联

凭证 10-1/1

业务 11：

武汉市华中证券营业部

证券交易成交报告单（买入）

成交日期：20111207	打印日期：20111207
资金账号：00269861	证券账号：A2368666
客户姓名：江城纺织有限责任公司	代码：000659
申报日期：20111207	席位号：33250
申报编号：26	成交编号：26
申报时间：10：15：25	成交时间：10:25:08
成交数量：100 000 股	标准佣金：600.00
成交均价：3.10	印花税：300.00
成交金额：310 000.00	过户费：100.00
收付金额：-311 000.00	附加费用：0.00
前/后金额：0.00/0.00 元	
前/后金额：0/100 000 股	

凭证 11-1/1

业务 12：领料凭证 5 张。

领 料 单

0204109

（三联式）

字第 20110104 号

领料部门：织布车间

用　途：设备维修消耗

2011 年 12 月 08 日

材料			单位	数量		成本										材料账页
						单价	总价									
编号	名称	规格		请领	实发		百	十	万	千	百	十	元	角	分	
	轴承	203#	套	1000	1000	8.00			¥	8	0	0	0	0	0	
	钢筘	75#	片	100	100	250.00		¥	2	5	0	0	0	0	0	
	棕丝	6#	支	50000	50000	1.00		¥	5	0	0	0	0	0	0	
								¥	8	3	0	0	0	0	0	

第二联：会计部门记账

主管：刘响　会计：　记账：肖芳　保管：　发料：王鑫　领料：张唯

领 料 单

0204109

（三联式）

字第 20110105 号

领料部门：织布车间

用　途：包装

2011 年 12 月 08 日

材料			单位	数量		成本										材料账页
						单价	总价									
编号	名称	规格		请领	实发		百	十	万	千	百	十	元	角	分	
	包套	2#	个	8000	8000	7.00		¥	5	6	0	0	0	0	0	
	麻绳		千克	3000	3000	7.00		¥	2	1	0	0	0	0	0	
	缝包线		千克	15000	15000	0.30			¥	4	5	0	0	0	0	
								¥	8	1	5	0	0	0	0	

第二联：会计部门记账

主管：刘响　会计：　记账：肖芳　保管：　发料：王鑫　领料：张唯

领 料 单

0204109

（三联式）

字第 20110107 号

领料部门：纺纱车间

用　途：包装

2011 年 12 月 08 日

材料			单位	数量		成本										材料账页
						单价	总价									
编号	名称	规格		请领	实发		百	十	万	千	百	十	元	角	分	
	内膜袋	1#	个	16000	16000	0.10			¥	1	6	0	0	0	0	
	编织袋	1#	条	1200	1200	2.00			¥	2	4	0	0	0	0	
	纸管	1#	个	16000	16000	0.50			¥	8	0	0	0	0	0	
								¥	1	2	0	0	0	0	0	

第二联：会计部门记账

主管：刘响　会计：　记账：肖芳　保管：　发料：王鑫　领料：张唯

领 料 单

（三联式）

0204109

领料部门：织布车间

字第 20110103号

用　途：浆料　　　2011 年 12 月 08 日

材料			单位	数量		成本										材料账页
						单价	总价									
编号	名称	规格		请领	实发		百	十	万	千	百	十	元	角	分	
	浆料	淀粉	千克	1000	1000	2.00			¥	2	0	0	0	0	0	
	浆料	HB402	千克	2000	2000	20.00		¥	4	0	0	0	0	0	0	
	汽油	90#	升	1400	1400	10.00		¥	1	4	0	0	0	0	0	
								¥	5	6	0	0	0	0	0	

第二联：会计部门记账

主管:刘响　会计:　记账:肖芳　保管:　发料:王鑫　领料:张唯

领 料 单

（三联式）

0204109

领料部门：纺纱车间

字第 20110106号

用　途：设备維修消耗　　　2011 年 12 月 08 日

材料			单位	数量		成本										材料账页
						单价	总价									
编号	名称	规格		请领	实发		百	十	万	千	百	十	元	角	分	
	胶圈	637*28*0	个	40000	40000	0.60		¥	2	4	0	0	0	0	0	
	轴承	SL-6819A	千克	6500	6500	5.00		¥	3	2	5	0	0	0	0	
	汽油	90#	升	1600	1600	10.00		¥	1	6	0	0	0	0	0	
								¥	7	2	5	0	0	0	0	

第二联：会计部门记账

主管:刘响　会计:　记账:肖芳　保管:　发料:王鑫　领料:张唯

业务 13：领用凭证 2 张。

领 料 单

（三联式）

0204109

领料部门：纺纱车间

字第 20110108号

用　途：劳保　　　2011 年 12 月 09 日

材料			单位	数量		成本										材料账页
						单价	总价									
编号	名称	规格		请领	实发		百	十	万	千	百	十	元	角	分	
	手套		双	300	300	12.00				3	6	0	0	0	0	
	工作服		套	55	55	50.00				2	7	5	0	0	0	
									¥	6	3	5	0	0	0	

第二联：会计部门记账

主管:刘响　会计:　记账:肖芳　保管:　发料:王鑫　领料:张唯

凭证 13-1/2

领 料 单

0204109

领料部门：织布车间　　（三联式）　　字第 20110109号

用　途：劳保　　2011 年 12 月 09 日

材料 编号	材料 名称	材料 规格	单位	数量 请领	数量 实发	成本 单价	总价 百	十	万	千	百	十	元	角	分	材料账页
	手套		双	200	200	12.00				2	4	0	0	0	0	
	工作服		套	45	45	50.00				2	2	5	0	0	0	
									¥	4	6	5	0	0	0	

第二联：会计部门记账

主管:刘响　会计:　记账:肖芳　保管:　发料:王鑫　领料:张唯

凭证 13-2/2

业务 14：

分　3200063170　湖北省　增值税专用发票　No 00337764

发票联　　开票日期：2011 年 12 月 10 日

购货单位	
名　称：	江城纺织有限责任公司
纳税人识别号：	420104300025065
地址、电话：	武汉市硚口区建设大道368号027-83259427
开户行及账号：	中国银行湖北分行 818456835493257

密码区：*-*5436*6+76>22126690 加密版本：01 /073-69-<9-/+5172599 3100083620 8796>2017<226<-13-8/ 01454880 77>+79*<*76479+9<>>//

货物或应税劳务名称	规格型号	单位	数量	单价	金额	税率	税额
浆料	HB402	千克	2400	21.00	50400.00	17%	8568.00
汽油	90#	升	2000	10.20	20400.00	17%	3468.00
轴承	203#	套	1000	7.50	7500.00	17%	1275.00
合 计					¥78300.00		¥13311.00

价税合计（大写）　玖万壹仟陆佰壹拾壹元整　（小写）　¥91611.00

销售单位	
名　称：	武汉三洋批发有限公司
纳税人识别号：	420103877715443
地址、电话：	湖北省武汉市江汉路152号 027-88645971
开户行及账号：	中国银行湖北分行813416077608111562

备注：武汉三洋批发有限公司 420103877715443 发票专用章

收款人：　复核：　开票人：肖林　销货单位（章）：

第三联：发票联 购货方记账凭证

凭证 14-1/4

3200063170　湖北省　增值税专用发票　No 00337765

发票联　　开票日期：2011 年 12 月 10 日

购货单位	
名　称：	江城纺织有限责任公司
纳税人识别号：	420104300025065
地址、电话：	武汉市硚口区建设大道368号027-83259427
开户行及账号：	中国银行湖北分行 818456835493257

密码区：*-*5436*6+76>22126690 加密版本：01 /073-69-<9-/+5172599 3100083620 8796>2017<226<-13-8/ 01454880 77>+79*<*76479+9<>>//

货物或应税劳务名称	规格型号	单位	数量	单价	金额	税率	税额
棕丝	6#	支	40000	1.05	42000.00	17%	7140.00
内膜袋	1#	个	20000	0.10	2000.00	17%	340.00
包套	2#	个	3000	6.80	20400.00	17%	3468.00
合 计					¥64400.00		¥10948.00

价税合计（大写）　柒万伍仟叁佰肆拾捌元整　（小写）　¥75348.00

销售单位	
名　称：	武汉三洋批发有限公司
纳税人识别号：	420103877715443
地址、电话：	湖北省武汉市江汉路152号 027-88645971
开户行及账号：	中国银行湖北分行813416077608111562

备注：武汉三洋批发有限公司 420103877715443 发票专用章

收款人：　复核：　开票人：肖林　销货单位（章）：

第三联：发票联 购货方记账凭证

凭证 14-2/4

3200063170　　湖北省　　增值税专用发票　　No 00337766

发票联　　开票日期：2011 年 12 月 10 日

购货单位	
名　称：	江城纺织有限责任公司
纳税人识别号：	420104300025065
地址、电话：	武汉市硚口区建设大道368号027-83259427
开户行及账号：	中国银行湖北分行 818456835493257

货物或应税劳务名称	规格型号	单位	数量	单价	金额	税率	税额
麻绳		千克	2000	7.10	14200.00	17%	2414.00
缝包线		千克	20000	0.35	7000.00	17%	1190.00
合计					¥21200.00		¥3604.00

价税合计（大写）　贰万肆仟捌佰零肆元整　　（小写）　¥24804.00

销售单位	
名　称：	武汉三洋批发有限公司
纳税人识别号：	420103877715443
地址、电话：	湖北省武汉市江汉路152号 027-88645971
开户行及账号：	中国银行湖北分行813416077608111562

收款人：　　复核：　　开票人：肖林　　销货单位（章）：发票专用章

第三联：发票联　购货方记账凭证

凭证 14-3/4

银行承兑汇票（卡片）　1　　汇票号码

出票日期（大写）　贰零壹壹年壹拾贰月壹拾　日

出票人全称	江城纺织有限责任公司	收款人	全称	武汉三洋批发有限公司
出票人账号	818456835493257		账号	813416077608111562
付款行全称	中国银行湖北分行		开户银行	中国银行湖北分行
出票金额	人民币（大写）壹拾玖万壹仟柒佰陆拾叁元整		亿千百十万千百十元角分	¥19176300
汇票到期日（大写）	贰零壹壹年壹拾贰月贰拾伍日	付款行	行号	0369
承兑协议编号	0059		地址	湖北省武汉市江汉路152号

本汇票请你行承兑，此项汇票款我单位按承兑协议于到期前足额交存你行，到期请予支付。

出票人签章　　备注：　　复核　记账

此联承兑行留存备查，到期支付票款时作借方凭证附件

凭证 14-4/4

业务 15：

3200063170　　湖北省　　增值税专用发票　　No 00560192

发票联　　开票日期：2011 年 12 月 10 日

购货单位	
名　称：	江城纺织有限责任公司
纳税人识别号：	420104300025065
地址、电话：	武汉市硚口区建设大道368号027-83259427
开户行及账号：	中国银行湖北分行 818456835493257

货物或应税劳务名称	规格型号	单位	数量	单价	金额	税率	税额
棉花		千克	200000	15.60	3120000.00	13%	405600.00
合计					¥3120000.00		¥405600.00

价税合计（大写）　叁佰伍拾贰万伍仟陆佰元整　　（小写）　¥3525600.00

销售单位	
名　称：	宜昌农贸有限责任公司
纳税人识别号：	420501179165963
地址、电话：	湖北省宜昌市航空路93号0717-6302016
开户行及账号：	中国工商银行湖北分行5200831495167423

收款人：　　复核：　　开票人：赵倩　　销货单位（章）：发票专用章

第三联：发票联　购货方记账凭证

凭证 15-1/1

业务 16：

中国建设银行
现金支票存根
23097143

附加信息

出票日期 2011 年 12 月 11 日

收款人	武汉影佳信息技术
金　额	￥9360.00
用　途	办公设备

单位主管 张青 会计

凭证 16-1/4

固定资产验收单

2011 年 12 月 11 日　　编号 2011021

名　称	规格型号		来源	数量	购（造）价	使用年限	预计残值
笔记本电脑	联想		外购	1	8000.00	5	240.00
安装费	月折旧率		建造单位		交工日期	附件	
	1.62%				2011 年 12 月 11 日		
验收部门	总经办	验收人员	简宁	管理部门	资产管理部	管理人员	刘霞
备注	从武汉影佳信息技术有限公司购入						

凭证 16-2/4

3200063170　湖北省　增值税专用发票　No 00237121

发票联

开票日期：2011 年 12 月 11 日

购货单位	
名　　称：	江城纺织有限责任公司
纳税人识别号：	420104300025065
地址、电话：	武汉市硚口区建设大道368号027-83259427
开户行及账号：	中国银行湖北分行 818456835493257

密码区：
*-*5436*6+76>22126690 加密版本：01
/073-68-<9-/+5172599 3100083620
8796>2017<226<-13--8/ 01454880
77>+79*<*76479+9<>>//

货物或应税劳务名称	规格型号	单位	数量	单价	金额	税率	税额
笔记本电脑	联想	台	1	8000.00	8000.00	17%	1360.00
合计					￥8000.00		￥1360.00

价税合计（大写）　玖仟叁佰陆拾元整　（小写）￥9360.00

销货单位	
名　　称：	武汉影佳信息技术有限公司
纳税人识别号：	420106177574365
地址、电话：	湖北省武汉市珞瑜路133号027-86434792
开户行及账号：	中国银行湖北分行 5248658835874953

备注

武汉影佳信息技术有限公司 420106177574365 发票专用章

收款人：　复核：　开票人：陈昌　销货单位（章）：

第三联：发票联 购货方记账凭证

凭证 16-3/4

中国建设银行 China Construction Bank

业务收费凭证

币别：人民币　2011 年 12 月 11 日　流水号：983610006000369

付款人	江城纺织有限责任公司		账号	622775012686198	
工本资金额	手续费金额	电子汇划费金额			合计金额
	￥50.00				￥50.00
金额（大写）：	人民币伍拾元整				
付款方式	转账				
备注：	业务类型：对公收账 同城通存通兑手续费（按笔）				

中国建设银行 湖北分行 办讫章

银行盖章

客户回单

会计主管　授权　复核　柜员 杨军

凭证 16-4/4

业务 17：

湖北省武汉市电信通信业统一发票

发 票 联

湖北武汉 地方税务局监制

发票代码：2653254258011

发票号码：00159687

2011 年 12 月 11 日

项 目	单 位	数 量	单 价	金额 百	十	万	千	百	十	元	角	分
电话费						¥	3	2	0	0	0	0
合计金额	叁仟贰佰元整					¥	3	2	0	0	0	0

第二联：报销凭证

中国电信湖北分公司 营业厅 收费专用章

盖章有效　　收款人：李响　　开票人：

凭证 17-1/3

中国 银行

转账支票存根

23097253

附加信息

出票日期 2011 年 12 月 11 日

收款人	移动武汉分公司
金 额	¥3200.00
用 途	支付电话费

单位主管 张青 会计

凭证 17-2/3

中国银行 BANK OF CHINA

业务收费凭证

币别：人民币　　2011 年 12 月 11 日　　流水号：198361000600035698

付款人	江城纺织有限责任公司		账号	818456835493257	
工本资金额	手续费金额	电子汇划费金额			合计金额
	¥32.00				¥32.00
金额（大写）：	人民币伍拾元整				
付款方式	转账				
备注：	业务类型：对公收账 同城通存通兑手续费（按笔）		银行盖章		

中国银行 湖北分行 办讫章

客户回单

会计主管　　授权　　复核　　柜员 李莉

凭证 17-3/3

业务 18：

托收凭证（付款通知）

委托日期 2011 年 11 月 12 日　　付款期限 2011年 12 月 12日

业务类型	委托收款（□邮划、□电划）			托收承付（□邮划、✓电划）			
付款人 全称	武汉江城纺织有限责任公司			收款人 全称	武汉自来水公司		
付款人 账号	818456835493257			收款人 账号	11-8788-1698		
付款人 地址	湖北省 武汉 市/县	开户行	中国银行	收款人 地址	湖北省 武汉 市/县	开户行	工商银行
金额 人民币（大写）	贰拾万元整				亿 千 百 十 万 千 百 十 元 角 分		¥ 2 0 0 0 0 0 0 0
款项内容	11月份水费	托收凭据名称	增值税专用发票		附寄单证张数	2	
商品发运情况			中国银行合同名称号码		JC2011012		
备 注： 收款人开户银行收到日期： 2011 年 12 月 12 日	收款人开户银行签章： 2011 年 12 月 12 日				复核　　记账 周婷		

湖北分行 转讫

此联付款人开户行给付款人按期付款通知

凭证 18-1/2

湖北省增值税专用发票

3200063170　　No 00337853

发票联

开票日期：2011 年 12 月 12 日

购货单位	名称：江城纺织有限责任公司 纳税人识别号：420104300025065 地址、电话：武汉市硚口区建设大道368号027-83259427 开户行及账号：中国银行湖北分行 818456835493257	密码区	*-*5436*8+76>22126690 加密版本：01 /073-68-<9-/+5172599　3100083620 8796>2017<226<-13-8/　01454880 77>+79"<*76479+9<>>//				
货物或应税劳务名称	规格型号	单位	数量	单价	金额	税率	税额
水		吨			176991.15	13%	23008.85
合计					¥176991.15		¥23008.85
价税合计（大写）	贰拾万元整			（小写）¥200000.00			
销货单位	名称：武汉市自来水公司 纳税人识别号：420104877682386 地址、电话：湖北省武汉市盐湖大道388号 83874043 开户行及账号：工商银行11-8788-1698	备注					

收款人：　复核：　开票人：王力军　销货单位（章）

武汉市自来水公司 420104877682386 发票专用章

第三联：发票联　购货方记账凭证

凭证 18-2/2

业务 19：

领料单

（三联式）

0204109

领料部门：纺纱车间　字第 20110110 号

用　途：纬纱　2011 年 12 月 12 日

材料			单位	数量		成本											材料账页
						单价	总价										
编号	名称	规格		请领	实发		百	十	万	千	百	十	元	角	分		
	棉花		千克	150000	150000	15.00	2	2	5	0	0	0	0	0	0		
						¥	2	2	5	0	0	0	0	0	0		

主管：刘响　会计：　记账：肖芳　保管：　发料：王鑫　领料：张唯

第二联：会计部门记账

凭证 19-1/2

领料单

（三联式）

0204109

领料部门：纺纱车间　字第 20110111 号

用　途：经纱　2011 年 12 月 12 日

材料			单位	数量		成本											材料账页
						单价	总价										
编号	名称	规格		请领	实发		百	十	万	千	百	十	元	角	分		
	棉花		千克	180000	180000	15.00	2	7	0	0	0	0	0	0	0		
						¥	2	7	0	0	0	0	0	0	0		

主管：刘响　会计：　记账：肖芳　保管：　发料：王鑫　领料：张唯

第二联：会计部门记账

凭证 19-2/2

业务 20：

收 款 收 据　　N.O 0049001

2011 年 12 月 12 日

今 收 到武汉新建有限责任公司

交 来：生产E设备一台

金额（大写）肆 拾陆 万零 仟零 佰零 拾零 元零 角零

¥ 460,000.00　□现金　□支票　□信用卡　☑其他

收款单位（盖章）　江城纺织有限责任公司财务专用章

第三联记账联

核准　会计 张明　记账 向琴　出纳　经手人 刘响

凭证 20-1/2

固定资产转移单

捐赠单位：武汉新建有限责任公司

接受单位：江城纺织有限责任公司　　2011 年 12 月 12 日　　单位：元

调拨原因或依据		捐赠				调拨方式	无偿	
固定资产名称	规格及型号	单位	数量	预计使用年限	已使用年限	原值	已提折旧	净值
E设备		台	1	10	1	500 000	50 000	450 000

捐赠单位		接受单位	
公章：（武汉新建有限责任公司） 财务：张玫 经办：李学斌	（公章）	公章：（江城纺织有限责任公司） 财务：张青 经办：张明	（公章）

会计主管：张青　　稽核：张明　　制单：向琴

凭证 20-2/2

业务 21：

中国 银行

现金支票存根

30487580

附加信息

出票日期 2011 年 12 月 12 日

收款人	江城纺织
金　额	¥30000.00
用　途	支付董事会会议费

单位主管 张青　会计

凭证 21-1/6

支 出 凭 单

2011 年 12 月 12 日　　第　号

即　付 支付公司董事会会议费，共计29,700元整。

计人民币：贰万玖仟柒佰元整　¥ 29,700 .00

领款人：李兰　　主管审批：江辰兮

附单据 肆 张

财务主管　记账　出纳　审核　制单

凭证 21-2/6

上海服务业发票
发票联

地税监
440170043

查询电话：027-83259427　　　　查询号码 34268912
顾客名称：江城纺织有限责任公司　　　　2011年12月12日

收费项目	数量	单价	金额							备注
			万	千	百	十	元	角	分	
住宿费	3天	4000.00	1	2	0	0	0	0	0	
合计人民币(大写)	壹万贰仟零佰零拾零元零角零分			2	0			0	0	

开票人：肖平　　收款人：　　开票单位(盖章)

第二联：发票联

发票专用章

凭证 21-3/6

上海服务业发票
发票联

地税监
440170043

查询电话：027-83259427　　　　查询号码 12589563
顾客名称：江城纺织有限责任公司　　　　2011年12月12日

收费项目	数量	单价	金额							备注
			万	千	百	十	元	角	分	
印刷费		2000.00		2	0	0	0	0	0	
合计人民币(大写)	¥万贰仟零佰零拾零元零角零分				0	0			0	

开票人：齐燕　　收款人：　　开票单位(盖章)

第二联：发票联

发票专用章

凭证 21-4/6

上海服务业发票
发票联

地税监
440170043

查询电话：027-83259427　　　　查询号码 56532654
顾客名称：江城纺织有限责任公司　　　　2011年12月12日

收费项目	数量	单价	金额							备注
			万	千	百	十	元	角	分	
水果及饮用水		1200.00		1	2	0	0	0	0	
合计人民币(大写)	¥万壹仟贰佰零拾零元零角零分			1	2			0	0	

开票人：张红　　收款人：　　开票单位(盖章)

第二联：发票联

发票专用章

凭证 21-5/6

上海服务业发票
发票联

地税监
440170043

查询电话：027-83259427　　　　查询号码 65437562
顾客名称：江城纺织有限责任公司　　　　2011年12月12日

收费项目	数量	单价	万	千	百	十	元	角	分	备注
餐饮费		14500.00	1	4	5	0	0	0	0	
合计人民币（大写）	壹万肆仟伍佰零拾零元零角零分		¥1	4	5	0	0	0	0	

第二联：发票联

开票人：李宁　　收款人：　　开票单位(盖章) 发票专用章

凭证 21-6/6

业务 22：

固定资产调拨单

调出单位：江城纺织有限责任公司
调入单位：湖南青山机械厂　　2011 年 12 月 13 日

调拨原因或依据		出售				调拨方式	有偿	
固定资产名称	规格及型号	单位	数量	预计使用年限	已使用年限	已提折旧	净值	协商价格
E设备		台	1	9	0	0	460 000	460 000
调出单位			调入单位					备注：
公章： 财务：王阳 经办：谢磊		（公章）	公章： 财务：张青 经办：张明			（公章）		

会计主管：张青　　稽核：张明　　制单：向琴

凭证 22-1/7

收款收据　　N.O 0049002

2011 年 12 月 13 日

今收到湖南青山机械厂

交来：生产设备E的价款

金额（大写）肆拾陆万零仟零佰零拾零元零角零

¥460,000.00　　□现金　☑支票　□信用卡　□其他　　收款单位（盖章）江城纺织有限责任公司财务专用章

第三联记账联

核准　　会计 张明　　记账 向琴　　出纳　　经手人 刘响

凭证 22-2/7

（ 中国银行）进账单(回单) 1

2011 年 12 月 13 日

付款人	全称	湖南春山机械厂	收款人	全称	江城纺织有限责任公司
	账号	6259053874035681		账号	818456835493257
	开户行	中国银行湖南分行		开户行	中国银行湖北分行
金额	人民币(大写) 肆拾陆万元整			亿千百十万千百十元角分	¥ 4 6 0 0 0 0 0 0
票据种类	转账				
票据张数	1张				
复核 记账				开户银行签章	

中国银行湖北分行 转账 转讫

此联是开户银行交给持票人的回单

凭证 22-3/7

中国 银行

现金支票存根

30487581

附加信息

出票日期 2011 年 12 月 13 日

收款人 奕铭设备服务有限公司

金 额 ¥5000.00

用 途 支付工程人员工资

单位主管 张青 会计

凭证 22-4/7

3200063170 湖北省 增值税专用发票 No 00237252

记账联

开票日期：2011 年 12 月 13 日

购货单位	名 称：湖南春山机械厂 纳税人识别号：430102796876548 地址、电话：湖南省长沙市朝阳街89号0731-84124026 开户行及账号：中国银行湖南分行6259053874035681	密码区	*-*5436*6+76>22126690 加密版本：01 /073-68-<9-/+5172599 3100083620 8796>2017<226<-13--8/ 01454880 77>+79*<*76479+9<>>//

货物或应税劳务名称	规格型号	单位	数量	单价	金额	税率	税额
E设备		台	1	393162.39	393162.39	17%	66837.61
合计					¥393162.39		¥66837.61
价税合计（大写）	肆拾陆万元整			（小写） ¥460000.00			

销售单位	名 称：江城纺织有限责任公司 纳税人识别号：420104300025065 地址、电话：武汉市硚口区建设大道 83259427 开户行及账号：中国银行湖北分行818456835493257	备注	

收款人： 复核： 开票人：刘国建 销货单位（章）：

江城纺织有限责任公司 420104300025065 发票专用章

第四联：记账联 销货方记账凭证

凭证 22-5/7

武汉市服务业统一发票

客户名称：江城纺织有限责任公司 2011 年 12 月 12 日 NO.66235945

项目	单位	数量	单价	金额	备注
设备清理费	台	1	5000	5000.00	
合计人民币（大写）伍仟元整				¥5000.00	

填票人：张明 收款人：汪倜全 单位名称（盖章）

此联为报销凭证

凭证 22-6/7

江城纺织有限责任公司固定资产清理报废单

签发日期：2011 年 12 月 12 日 编号：20110101

单位公章					使用单位：一车间					
名称	单位	数量	原始价值	已提折旧	净值	预计使用年限	实际使用年限	支付清理费用	收回变价收入	收取过失人员赔款
E设备	台	1	460000	0	460000	9	0	5000	460000	无
制造单位	制造年限	出厂号			申请清理原因：出售固定资产					
武汉市设备制造厂	2009年8月	2009-0002981								

设备主管领导：今江印辰 财务部门负责人：张青 设备管理部门负责人：张明

凭证 22-7/7

业务 23：

中国 银行
转账支票存根
23097257

附加信息

出票日期 2011 年 12 月 13 日

收款人	武汉华中证券营业部
金　额	¥300000.00
用　途	证券交易账户

单位主管 张青 会计

凭证 23-1/1

业务 24：

湖北省有价证券销售发票

购买单位：江城纺织有限责任公司　2011 年 12 月 13 日

发行单位	武汉蓝迅科技股份有限公司	购入股数	3000
证券种类	公司债券	还本付息方式	按年支付利息，本金最后一次支付
每张面值	100.00	债券编号	000416
购入价格	104.00	合计金额	312,000.00
票面利率	8%	溢折价购入、转让	溢价购入

凭证 24-1/1

业务 25：

建设 银行
现金支票存根
23097144

附加信息

出票日期 2011 年 12 月 14 日

收款人	江城纺织
金　额	¥5000.00
用　途	提取备用金

单位主管 张青 会计

凭证 25-1/1

业务 26：

费用报销单

报销部门：总经办　　2011年12月14日填

用途	金额	备注	
业务招待费	¥3000.00	领导批示	同意报销 江辰兮 2011.12.14
办公费	¥500.00		
合计：	¥3500.00		
金额大写：叁仟伍佰元整		原借款：2000.00	应补余款：0.00（退）

会计主管：张青　出纳：罗杨　报销人：简宁

凭证 26-1/3

武汉市地方税务局通用机打发票

发票联

发票代码 242011075310
发票号码 20100925

开票日期：2011-12-14　行业分类：服务业

开票单位 武汉大肆鋆文具有限公司　开票单号 1125987

客户名称 江城纺织有限责任公司

名称	金额
办公用品	¥500.00

金额大写 伍佰元整

开票人 祝芸迪　收款人 张珊

武汉大肆鋆文具有限公司 0326549956712 发票专用章

第一联 发票联（购货单位付款凭证）（手开无效）

凭证 26-2/3

武汉市地方税务局通用税控发票

发票代码 242011005030
发票号码 20100925
机打号码 0009701
机器编号 001030002773　收款员 徐鸣
收款单位 武汉市香岛餐饮有限责任公司
税务登记号 4205517598659956
开票日期 2011-12-14
付款单位（个人）江城纺织有限责任公司

项目	单价	数量	金额
餐饮费	3000.00		3000.00

小写合计 ¥3000.00
大写合计 叁仟元整
税控码 1395 6976 5522 9400 0574

武汉市香岛餐饮有限公司 03245866798101 发票专用章

凭证 26-3/3

业务 27：凭证 4 张。

3200063170　　**湖北省　　增值税专用发票**　　No 00237252

记账联

开票日期：2011 年 12 月 14 日

购货单位	名　称：	武汉市顺昌贸易有限公司	密码区	*-*5436*6+76>22126690 加密版本：01 /073-68-<9-/+5172599　3100083620 8796>2017<226<-13--8/　01454880 77>+79*<*76479+9<>>//
	纳税人识别号：	420101707358564		
	地址、电话：	湖北省武汉市新村街123号027-84695612		
	开户行及账号：	中国工商银行湖北分行5342270495024207		

货物或应税劳务名称	规格型号	单位	数量	单价	金额	税率	税额
棉布	150	米	800000	10.00	8000000.00	17%	1360000.00
棉布	230	米	600000	12.00	7200000.00	17%	1224000.00
合计					¥15200000.00		¥2584000.00
价税合计（大写）	壹仟柒佰柒拾捌万肆仟元整			（小写）¥17784000.00			

销售单位	名　称：	江城纺织有限责任公司	备注	
	纳税人识别号：	420104300025065		
	地址、电话：	武汉市硚口区建设大道368号027-83259427		
	开户行及账号：	中国银行湖北分行 818456835493257		

收款人：　　复核：　　开票人：刘国建　　销货单位（章）

（江城纺织有限责任公司 420104300025065 发票专用章）

第四联：记账联　销货方记账凭证

银行承兑汇票（卡片）　1　　汇票号码 NO.0005821

出票日期（大写）　贰零壹壹年壹拾贰月壹拾肆日

出票人全称	武汉顺昌贸易有限责任公司	收款人	全称	江城纺织有限责任公司
出票人账号	5342270495024207		账号	818456835493257
付款行全称	中国工商银行湖北分行		开户银行	中国银行湖北分行
出票金额	人民币（大写）壹仟柒佰柒拾捌万肆仟元整		亿千百十万千百十元角分	¥ 1 7 7 8 4 0 0 0 0 0
汇票到期日（大写）	贰零壹贰年零叁月壹拾肆日	付款行	行号	0231
承兑协议编号	0032		地址	武汉市武昌区东湖路123号

本汇票请你行承兑，此项汇票款我单位按承兑协议于到期前足额交存你行，到期请予支付。

（武汉顺昌贸易有限公司财务专用章）（明李印德）（工商银行 4256010017 汇票专用章）

出票人签章　　备注：　　复核　　记账

此联承兑行留存备查，到期支付票款时作借方凭证附件

销售单

购货单位：武汉市顺昌贸易有限公　地址和电话：湖北省武汉市新村街123号　027-84695612　　单据编号：JC010202

纳税识别号：420101707358564　　开户行及账号：中国工商银行湖北支行5342270495024207　　制单日期：2011.12.14

编码	产品名称	规格	单位	单价	数量	金额	备注
	棉布150		米	10.00	800000	8000000.00	
	棉布230		米	12.00	600000	7200000.00	
合计	人民币（大写）：壹仟伍佰贰拾万元整					¥15200000.00	

第三联：记账联

总经理：江辰令　　销售经理：王铭　　经手人：肖成　　会计：肖芳

出库单

出货单位：江城纺织有限责任公司　　2011年12月14日　　连续号 45216002

提货单位或领货部门	武汉市顺昌贸易有限公司	销售单号	JC010202	发出仓库	第一仓库	出库日期	2011.12.14	
编号	名称及规格	单位	数量 要数	数量 实发	单价	金额	备注	
	棉布150	米	800000	800000	10.00	8000000		
	棉布230	米	600000	600000	12.00	7200000		
合计						¥15200000		

（三）记账联

总经理 江辰兮　收货　发货部门经理 肖成　收货人 李飞　领用部门经理

业务 28：

中国银行　电汇凭证（汇款依据）

№ 02304759　3

□普通　□加急　　委托日期 2011 年 12 月 15 日

汇款人 全称	江城纺织有限责任公司	收款人 全称	新疆农贸有限责任公司	
汇款人 账号	818456835493257	收款人 账号	813415477612500069	
汇出地点	湖北 省 武汉 市/县	汇入地点	新疆 省 乌鲁木齐 市/县	
汇出行名称	中国银行湖北分行	汇入行名称	中国银行乌鲁木齐支行	
金额 人民币（大写）	叁佰零伍万叁仟柒佰元整		亿千百十万千百十元角分	¥ 3 0 5 3 7 0 0 0 0
江城纺织有限责任公司财务专用章　江辰兮印		支付密码		
		附加信息及用途：支付前欠货款		
		复核：　记账：		

此联由汇款人留存存根

凭证 28-1/1

业务 29：

入库单

2011年12月16日　　连续号 12546004

交来单位及部门	宜昌农贸有限责任公司		发票号码或生产单号码	00560192		验收仓库	第二仓库	入库日期	2011.12.16
编号	名称及规格	单位	数量 交库	数量 实收	实际价格 单价	实际价格 金额	计划价格 单价	计划价格 金额	价格差异
	棉花	Kg	200000	200000	15.60	3120000	15.00	3000000	120000
合计						¥3120000		¥3000000	¥120000

（三）财务联

财务部门主管　记账　保管部门主管 王鑫　验收 李海　单位部门主管　缴库 刘逸

凭证 29-1/1

业务 30：

上海市金纱有限公司

关于公司宣告破产的公告

证券代码：000369　　证券简称：上海金纱　　公告编号：2011—65

本公司及董事会全体成员保证公告内容的真实、准确和完整，对公告的虚假记载、误导性陈述或者重大遗漏负连带责任。

2011年6月13日，上海市中级人民法院向上海市金纱有限公司（简称“上海金纱”）下达了受理破产案件通知书[(2011)州民破字第65号]。同年10月召开了第一次债务人会议，长城资产公司依法申报了债权且第一次债权人会议对其债权已经确认。公司于今日收到上海市中级人民法院下达的民事裁定书[(2011)州民破字第1号]，现将有关事项公告如下：

上海金纱以单位经营管理不善，资不抵债，不能清偿到期债务为由向上海市中级人民法院申请破产还债。本院经审查认为，上海金纱因经营管理不善，严重亏损，不能清偿到期债务，其申请破产还债理由成立。裁定如下：宣告上海金纱破产还债。本裁定送达后立即生效。如不服本裁定，可在宣告破产之日起十日内向上海市高级人民法院申诉。

上海金纱破产后将以依法进行以资抵债，债务清偿后，本公司股权结构将发生相应变动。依据《中华人民共和国企业破产法》的规定，于2011年12月17日作出民事裁定书[(2011)州民破字第65号]，裁定终结破产程序。

上海市金纱有限公司董事会

2011年12月17日

凭证 30-1/2

关于核销上海金沙有限公司应收账款的申请报告

公司帐务“应收账款—上海金纱有限公司”明细帐下挂有欠款117，000元。该笔欠款系上海市金纱有限公司于2009年8月30日采取赊销方式从我公司进购一批货物，价款合计117，000元。我方于2011年12月17日接到法院通知，上海市金纱有限公司已经正式破产，应收上海市金纱有限公司的款项117，000元确认已经无法收回。

现拟将全部金额117，000元做坏帐损失处理，请公司董事会予以审议。

江城纺织有限责任公司

二〇一一年十二月十七日

凭证 30-2/2

业务 31：

托收凭证（付款通知）

委托日期　2011 年 11 月 17 日　　付款期限 2011年 12 月 17日

业务类型	委托收款（□邮划、□电划）　托收承付（□邮划、✓电划）			
付款人 全称	武汉江城纺织有限责任公司		收款人 全称	武汉市供电局
付款人 账号	818456835493257		收款人 账号	5309001234567806
付款人 地址	湖北省 武汉 市/县	开户行 中国银行	收款人 地址	湖北省 武汉 市/县　开户行 工商银行
金额 人民币（大写）	捌拾壹万玖仟元整		亿千百十万千百十元角分	¥ 8 1 9 0 0 0 0 0
款项内容	11月份电费	托收凭据名称 增值税专用发票	附寄单证张数	2
商品发运情况		合同名称号码	JC2011013	
备注： 收款人开户银行收到日期：2011 年 12月 17 日	收款人开户银行签章：2011 年 12 月 17日		复核	记账 周伟

中国银行湖北分行 转讫

此联付款人开户行给付款人按期付款通知

凭证 31-1/2

3200063170　　湖北省　增值税专用发票　　No 00639526

发票联　　开票日期：2011 年 12 月 17 日

购货单位	
名　称：	江城纺织有限责任公司
纳税人识别号：	420104300025065
地址、电话：	武汉市硚口区建设大道368号027-83259427
开户行及账号：	中国银行湖北支行 818456835493257

密码区：*-"5436"6+76>22126690 加密版本：01 /073-68-<9-/+5172599 3100083620 8796>2017<226<-13-8/ 01454886 77>+79"<"76479+9<>>//

货物或应税劳务名称	规格型号	单位	数量	单价	金额	税率	税额
电		度			700000.00	17%	119000.00
合计					¥700000.00		¥119000.00
价税合计（大写）	捌拾壹万玖仟元整			（小写）	¥819000.00		

销售单位	
名　称：	武汉市供电局
纳税人识别号：	420104343611952
地址、电话：	湖北省武汉市解放大道1529号027-8241449
开户行及账号：	中国工商银行5309001234567806

备注：武汉供电局 420104343611952 发票专用章

收款人：　　复核：　　开票人：白梅　　销货单位（章）：

第三联：发票联 购货方记账凭证

凭证 31-2/2

业务 32：

中华人民共和国税收通用缴款书　㊖

隶属关系：市属企业　　（2011）鄂国缴0000058号

注册类型：股份制公司　　填发日期：2011年12月18日　　征收机关：武汉市硚口分局

缴款单位（人）	代码	420104300025065	预算科目	编码	03046
	全称	江城纺织有限责任公司		名称	未交增值税
	开户银行	中国银行湖北分行		级次	中央75% 市10% （区）县15%
	帐号	818456835493257	收款国库		硚口支库
税款所属时期	2011年12月6日		税款限缴日期		2011年12月20日

品目名称	课税数量	计税金额或销售收入	税率或单位税额	已缴或扣除额	实缴金额
未交增值税		4707764.71	17%		¥800320.00
金额合计	人民币（大写）捌拾万零叁佰贰拾元整				¥800320.00

缴款单位（人）（盖章）经办人（章）	税务机关（盖章）填票人（章）	上列款项已收妥并划转收款单位帐户 国库（银行）盖章　年　月　日	备注
			税票号码：51780 税务专管：向欣 [redacted]

逾期不缴按税法规定加收滞纳金

无银行收讫章无效

第一联（收据）国库（银行）收款盖章后退缴款单位（人）作完税凭证

凭证 32-1/3

中华人民共和国税收通用缴款书　㊞地

隶属关系：市属企业　　（2011）鄂地缴0000689号

注册类型：股份制公司　　填发日期：2011年12月18日　　征收机关：武汉市硚口分局

缴款单位（人）	代码	420104300025065	预算科目	编码	030448
	全称	江城纺织有限责任公司		名称	应交城建税
	开户银行	中国银行湖北分行		级次	市70% （区）县30%
	帐号	818456835493257	收款国库		硚口支库
税款所属时期	2011年12月6日		税款限缴日期		2011年12月20日

品目名称	课税数量	计税金额或销售收入	税率或单位税额	已缴或扣除额	实缴金额
应交城建税		800320.00	7%		¥56022.00
金额合计	人民币（大写）伍万陆仟零贰拾贰元整				¥56022.00

缴款单位（人）（盖章）经办人（章）	税务机关（盖章）填票人（章）	上列款项已收妥并划转收款单位帐户 国库（银行）盖章　年　月　日	备注
			税票号码：55698 税务专管：管倩 [redacted]

逾期不缴按税法规定加收滞纳金

无银行收讫章无效

第一联（收据）国库（银行）收款盖章后退缴款单位（人）作完税凭证

凭证 32-2/3

中华人民共和国税收通用缴款书　㊞地

隶属关系：市属企业　　（2011）鄂地缴0000690号

注册类型：股份制公司　　填发日期：2011年12月18日　　征收机关：武汉市硚口分局

缴款单位（人）	代码	420104300025065	预算科目	编码	030449
	全称	江城纺织有限责任公司		名称	教育税附加
	开户银行	中国银行湖北分行		级次	市70% （区）县30%
	帐号	818456835493257	收款国库		硚口支库
税款所属时期	2011年12月6日		税款限缴日期		2011年12月20日

品目名称	课税数量	计税金额或销售收入	税率或单位税额	已缴或扣除额	实缴金额
教育税附加		800320.00	3%		¥24010.00
金额合计	人民币（大写）贰万肆仟零壹拾元整				¥24010.00

缴款单位（人）（盖章）经办人（章）	税务机关（盖章）填票人（章）	上列款项已收妥并划转收款单位帐户 国库（银行）盖章　年　月　日	备注
			税票号码：55699 税务专管：管倩 [redacted]

逾期不缴按税法规定加收滞纳金

无银行收讫章无效

第一联（收据）国库（银行）收款盖章后退缴款单位（人）作完税凭证

凭证 32-3/3

业务 33：

12 月部分固定资产折旧计提计算过程

使用部门	品名	单位	数量	单价	原始金额	残值率	预计使用时间	月折旧率	本月计提折旧
管理部门	联想笔记本电脑	台	1	5 000.00	5 000.00	3%	5	1.62	81.00
管理用固定资产本月折旧小计					5 000.00				81.00
合计					5 000.00				81.00

凭证 33-1/2

固定资产清查表

设备编号	设备名称	型号规格	单位	数量	单价	形成原因
2011001007	笔记本电脑	联想	台	1	5000.00	不明

凭证 33-2/2

业务 34：

3200063170　　江西省　　增值税专用发票　　No 00254186

发票联

开票日期：2011 年 12 月 19 日

购货单位
名　称：江城纺织有限责任公司
纳税人识别号：420104300025065
地址、电话：武汉市硚口区建设大道368号027-8325942
开户行及账号：中国银行湖北分行 818456835493257

密码区：*-*5436*6+76>22126690 加密版本：01 /073-68-<9-/+5172599 3100083620 0796>2017<226<-19-8/ 01454880 77>+79*<*76479+9<>>//

货物或应税劳务名称	规格型号	单位	数量	单价	金额	税率	税额
手套		双	1000	12.50	12500.00	17%	2125.00
工作服		套	200	52.00	10400.00	17%	1768.00
合计					¥22900.00		¥3893.00

价税合计（大写）　贰万陆仟柒佰玖拾叁元整　　（小写）¥26793.00

销货单位
名　称：江西尚品物资有限责任公司
纳税人识别号：420101456636956
地址、电话：南昌市东湖区洪都中大道58号
开户行及账号：中国银行江西分行813415477612511598

备注

收款人：　　复核：　　开票人：祝峰　　销货单位（章）：江西尚品物资有限责任公司 420101456636956 发票专用章

第三联：发票联 购货方记账凭证

凭证 34-1/1

业务 35：

入　库　单

2011年12月19日　　连续号 12546005

交来单位及部门	武汉三洋批发有限公司	发票号码或生产单号码	00337764	验收仓库	第二仓库	入库日期	2011.12.19

编号	名称及规格	单位	数量 交库	数量 实收	实际价格 单价	实际价格 金额	计划价格 单价	计划价格 金额	价格差异
	浆料 HB402		2400	2400	21.00	50400.00	20.00	48000.00	2400.00
	汽油 90#	升	2000	2000	10.20	20400.00	10.00	20000.00	400.00
	轴承 203#	套	1000	1000	7.50	7500.00	8.00	8000.00	-500.00
合计						¥78300.00		¥76000.00	¥2300.00

财务部门主管　　记帐　　保管部门主管　王鑫　　验收　李海　　单位部门主管　　缴库　刘逸

（三）财务联

凭证 35-1/3

入　库　单

2011年12月19日　　　　连续号 12546006

交来单位及部门	武汉三洋批发有限公司	发票号码或生产单号码	00337765	验收仓库	第二仓库	入库日期	2011.12.19

编号	名称及规格	单位	数量		实际价格		计划价格		价格差异
			交库	实收	单价	金额	单价	金额	
	棕丝 6#	支	40000	40000	1.05	42000.00	1.00	40000.00	2000.00
	内膜袋 1#	个	20000	20000	0.10	2000.00	0.10	2000.00	
	包套 2#	个	3000	3000	6.80	20400.00	7.00	21000.00	-600.00
合计						¥64400.00		¥63000.00	¥1400.00

(三)财务联

财务部门主管　　记账　　保管部门主管 王鑫　　验收 李海　　单位部门主管　　缴库 刘逸

凭证 35-2/3

入　库　单

2011年12月19日　　　　连续号 12546007

交来单位及部门	武汉三洋批发有限公司	发票号码或生产单号码	00337766	验收仓库	第二仓库	入库日期	2011.12.19

编号	名称及规格	单位	数量		实际价格		计划价格		价格差异
			交库	实收	单价	金额	单价	金额	
	麻绳	Kg	2000	2000	7.10	14200.00	7.00	14000.00	200.00
	缝包绳	Kg	20000	20000	0.35	7000.00	0.30	6000.00	1000.00
合计						¥21200.00		¥20000.00	¥1200.00

(三)财务联

财务部门主管　　记账　　保管部门主管 王鑫　　验收 李海　　单位部门主管　　缴库 刘逸

凭证 35-3/3

业务 36：无。

业务 37：

固定资产清查表

设备编号	设备名称	型号规格	单位	数量	单价	形成原因
2011001007	笔记本电脑	联想	台	1	5000.00	丢失被盗
	同意核销					
处理意见	冲减管理费用					
财务负责人签字	张青 2011.12.20		领导签字	江辰兮 2011.12.20		

凭证 37-1/1

业务 38：

领 料 单

0204109

领料部门：纺纱车间　　（三联式）　　字第 20110113 号

用　途：经纱　　2011 年 12 月 21 日

材料			单位	数量		成本										材料账页
						单价	总价									
编号	名称	规格		请领	实发		百	十	万	千	百	十	元	角	分	
	棉花		千克	150000	150000	15.00	2	2	5	0	0	0	0	0	0	
						¥	2	2	5	0	0	0	0	0	0	

第二联：会计部门记账

主管：刘响　　会计：　　记账：肖芳　　保管：　　发料：王鑫　　领料：张唯

凭证 38-1/2

领 料 单

0204109

领料部门：纺纱车间　　（三联式）　　字第 20110112 号

用　途：纬纱　　2011 年 12 月 21 日

材料			单位	数量		成本										材料账页
						单价	总价									
编号	名称	规格		请领	实发		百	十	万	千	百	十	元	角	分	
	棉花		千克	120000	120000	15.00	1	8	0	0	0	0	0	0	0	
						¥	1	8	0	0	0	0	0	0	0	

第二联：会计部门记账

主管：刘响　　会计：　　记账：肖芳　　保管：　　发料：王鑫　　领料：张唯

凭证 38-2/2

业务 39：

中国建设银行 电汇凭证（汇款依据）　　№ 02304759　　3

□普通 □加急　　委托日期 2011 年 12 月 22 日

汇款人	全称	汇城纺织有限责任公司	收款人	全称	江西尚品物资有限责任公司
	账号	6225880277085164		账号	615274379611422321
	汇出地点	湖北 省 武汉 市/县		汇入地点	江西 省 南昌 市/县
汇出行名称		中国建设银行湖北支行	汇入行名称		中国建设银行南昌支行
金额	人民币（大写）	贰万陆仟柒佰玖拾叁元整		亿千百十万千百十元角分	¥ 2 6 7 9 3 0 0
江城纺织有限责任公司财务专用章			支付密码		
			附加信息及用途：	支付前欠货款	
				复核：	记账：

此联由汇款人留存存根

凭证 39-1/3

入 库 单

2011年12月22日　　　　连续号 12546008

交来单位及部门	武汉四友物资有限公司	发票号码或生产单号码	00254186	验收仓库	第二仓库	入库日期	2011.12.22			
编号	名称及规格	单位	数量		实际价格		计划价格		价格差异	
			交库	实收	单价	金额	单价	金额		
	手套	双	1000	1000	12.50	12500.00	12.00	12000.00	500.00	
	工作服	套	200	200	52.00	10400.00	50.00	10000.00	400.00	
合计						¥22900.00		¥22000.00	¥900.00	

(三)财务联

财务部门主管　　记账　　保管部门主管 王鑫　　验收 李海　　单位部门主管　　缴库 刘逸

凭证 39-2/3

业务 40：

中国建设银行 China Construction Bank

业 务 收 费 凭 证

币别：人民币　　2011 年 12 月 22 日　　流水号：198361900060002998

付款人			账号		
工本资金额	手续费金额	电子汇划费金额			合计金额
	30.00				RMB50.00
金额（大写）：人民币伍拾元整					
付款方式	转账				
备注：业务类型：对公收账 同城通存通兑手续费（按笔）			中国建设银行湖北分行办讫章		银行盖章

客户回单

会计主管　　授权　　复核　　柜员 曹存斯

凭证 39-3/3

建设 银行

转账支票存根

20069110

附加信息

出票日期 2011 年 12 月 22 日

收款人	武汉新达广告
金　额	¥20000.00
用　途	支付展览费

单位主管 张青 会计

凭证 40-1/3

武汉 服务业发票

发票联

地 税 监

440170043

查询电话： 027-83259427　　查询号码 43658029

顾客名称： 江城纺织有限责任公司　　2011年12月22日

收费项目	数量	单价	金额 万	千	百	十	元	角	分	备注
展览费		20000.00	2	0	0	0	0	0	0	
合计人民币（大写）	贰万 零仟 零佰 零拾 零元 零角 零 分		2	0	0	0	0	0	0	

第二联：发票联

开票人： 李青　　收款人：　　开票单位(盖章) 武汉新达广告有限公司 发票专用章

凭证 40-2/3

中国建设银行 China Construction Bank

业 务 收 费 凭 证

币别：人民币　　2011 年 12 月 22 日　　流水号：198361000600009697

付款人			账号		
工本资金额	手续费金额	电子汇划费金额			合计金额
	30.00				RMB50.00
金额（大写）：人民币伍拾元整					
付款方式	转账				
备注：业务类型：对公收账 同城通存通兑手续费（按笔）			中国建设银行湖北分行办讫章		银行盖章

客户回单

会计主管　　授权　　复核　　柜员 李保卫

凭证 40-3/3

业务 41：

费用报销单

报销部门：纺织车间　　　　2011年12月23日填

用途	金额	备注	
机械维修费	¥351.00		
办公费	¥860.00	领导批示	同意报销 刘晌 2011.12.23
合计：	¥1211.00		
金额大写：壹仟贰佰壹拾壹元整		原借款：	应补余款： (退)

会计主管：张青　　出纳：罗杨　　报销人：赵忠一

凭证 41-1/5

3200563257　　湖北省　增值税专用发票　　No 000265988

发票联

开票日期：2011 年 12 月 23 日

购货单位		密码区	
名　称：	江城纺织有限责任公司		*-*5435*6+76>22126690 加密版本：01 7073-68-<9-/+5172399　3100093620 8796>2017<226<-13-87　01454880 77>+79*<*76479+9<>>//
纳税人识别号：	420104300025065		
地址、电话：	武汉市硚口区建设大道368号027-83259427		
开户行及账号：	中国银行湖北分行 818456835493257		

货物或应税劳务名称	规格型号	单位	数量	单价	金额	税率	税额
维修费					300.00	17%	51.00
合计					¥300.00		¥51.00
价税合计（大写）	叁佰伍拾壹元整			（小写）	¥351.00		

销货单位		备注
名　称：	武昌机修有限责任公司	
纳税人识别号：	42050115968456	
地址、电话：	武汉市武昌区中南二路58号 027-87419756	
开户行及账号：	中国银行湖北分行 818456835569876	

收款人：　　复核：　　开票人：李宝义　　销货单位（章）：

第三联：发票联　购货方记账凭证

凭证 41-2/5

湖北省商业零售统一发票

发　票　联

发票代码：12005040500

开票日期：2011 年 12 月 23 日　　发票号码：00000893

购货单位（人）	江城纺织有限责任公司			
纳税人识别号：	420104300025065			
商品名称	单　价	数　量	金　额	备　注
告示板	70.00	6块	420.00	
贴事板	88.00	5块	440.00	
合计金额（大写）	×万×仟 捌佰 陆拾 元整 角 分		¥：860.00	

销售单位：　　开票人：　　收款人：李凯

第二联：发票联

凭证 41-3/5

费用报销单

报销部门：织布车间　　　　2011年12月23日填

用途	金额	备注	
办公费	¥560.00		
		领导批示	同意报销 刘晌 2011.12.23
合计：	¥560.00		
金额大写：伍佰陆拾元整		原借款：	应补余款： (退)

会计主管：张青　　出纳：罗杨　　报销人：胡一妃

凭证 41-4/5

湖北省商业零售统一发票

发 票 联

发票代码：120054529785

开票日期：2011年12月23日　　　　发票号码：00007895

购货单位（人）	江城纺织有限责任公司			
纳税人识别号：	420104300025065			
商品名称	单　价	数　量	金　额	备　注
办公桌椅	560.00	1套	560.00	
合计金额（大写）	万 仟 伍 佰 陆 拾元整 角 分		￥：560.00	

销售单位：　　　开票人：　　　收款人：李丽

第二联：发票联

凭证 41-5/5

业务 42：

中国 银行

转账支票存根

23097254

附加信息

出票日期 2011 年 12 月 24 日

收款人	武汉佳诚咨询
金　额	￥20000.00
用　途	支付法律咨询费

单位主管 张青 会计

凭证 42-1/2

业务 43：

中国 银行

转账支票存根

23097255

附加信息

出票日期 2011 年 12 月 24 日

收款人	湖北长盛有限责任
金　额	￥5000000.00
用　途	支付前欠货款

单位主管 张青 会计

凭证 43-1/1

武汉服务业发票

发 票 联

地 税 监

440170043

查询电话：027-83259427　　　　查询号码 43659636

顾客名称：江城纺织有限责任公司　　　　2011年12月24日

收费项目	数　量	单　价	金额 万	千	百	十	元	角	分	备注
法律咨询费		20000.00	2	0	0	0	0	0	0	
合计人民币（大写）	贰万 零仟 零佰 零拾 零元 零角 零分		2	0	0	0	0	0	0	

开票人：王文　　收款人：　　开票单位(盖章)　发票专用章

第二联：发票联

凭证 42-2/2

业务 44：

3200063170　　**湖北省　　增值税专用发票**　　No 00237253

记账联　　开票日期：2011 年 12 月 25 日

购货单位			
名　称:	北京红太阳服装有限公司	密码区	*-*5436*6+76>22126690 加密版本：01
纳税人识别号:	320811197417171280		/073-68-<9-/+5172599　3100083620
地址、电话:	北京市南苑街154号 010-65247190		8796>2017<226<-13--8/　01454880
开户行及账号:	中国银行北京支行222140098704672		77>+79*<*76479+9<>>//

货物或应税劳务名称	规格型号	单位	数量	单价	金额	税率	税额
棉布	150	米	400000	10.00	4000000.00	17%	680000.00
棉布	230	米	400000	12.00	4800000.00	17%	816000.00
合计					¥8800000.00		¥1496000.00

价税合计（大写）壹仟零贰拾玖万陆仟元整　（小写）¥10296000.00

销售单位			
名　称:	江城纺织有限责任公司	备注	
纳税人识别号:	420104300025065		
地址、电话:	武汉市硚口区建设大道368号027-83259427		
开户行及账号:	中国银行湖北支行 818456835493257		江城纺织有限责任公司 420104300025065 发票专用章

收款人：　复核:　开票人：刘国建　销货单位（章）：

第四联：记账联　销货方记账凭证

凭证 44-1/3

销售单

购货单位:北京红太阳服装有限公 地址和电话:北京市南苑街154号　010-65247190　单据编号:JC010203

纳税识别号:32081119741717128 开户行及账号:中国银行北京支行222140098704672　制单日期:2011. 12. 25

编码	产品名称	规格	单位	单价	数量	金额	备注
	棉布150		米	10.00	400000	4000000.00	
	棉布230		米	12.00	400000	4800000.00	
合计	人民币（大写）：捌佰捌拾万元整					¥8800000.00	

总经理：江辰今　销售经理：王铭　经手人：肖成　会计：肖芳

第三联：记账联

凭证 44-2/3

出　库　单

出货单位：江城纺织有限责任公司　2011 年12月25日　连续号 45216003

提货单位或领货部门	北京红太阳服装有限公	销售单号	JC010203	发出仓库	第一仓库	出库日期	2011.12.25

编号	名称及规格	单位	数量（要数）	数量（实发）	单价	金额	备注
	棉布150	米	400000	400000	10.00	4000000	
	棉布230	米	400000	400000	12.00	4800000	
合计						¥8800000	

总经理　江辰今　收货　发货部门经理　肖成　收货人　李飞　领用部门经理

（三）记账联

凭证 44-3/3

业务 45：

费用报销单

报销部门：织布车间　　　　　　　　　　2011年12月25日填

用途	金额	备注	
机械维修费	¥982.80		
		领导批示	同意报销 刘晌 2011.12.25
合计：	¥982.80		
金额大写：玖佰捌拾贰元捌角整		原借款：	应补余款： (退)

会计主管：张青　　　出纳：罗杨　　　报销人：胡一妃

凭证 45-1/2

3200563258　　**湖北省　增值税专用发票**　　No 000265989

发票联　　　　　　　　开票日期：2011 年 12 月 25 日

购货单位	名　称：江城纺织有限责任公司 纳税人识别号：420104300025065 地址、电话：武汉市硚口区建设大道368号027-83259427 开户行及账号：中国银行湖北分行 818456835493257	密码区	*-*5436*6+76>22126690 加密版本：01 /073-68-<9-/+5172599　3100083620 8796>2017<226<-13--8/　01454880 77>+79*<*76479+9<>>//

货物或应税劳务名称	规格型号	单位	数量	单价	金额	税率	税额
维修费					840.00	17%	142.80
合计					¥840.00		¥142.80
价税合计（大写）	玖佰捌拾贰元捌角			（小写）	¥982.80		

销售单位	名　称：武昌机修有限责任公司 纳税人识别号：42050115968456 地址、电话：武汉市武昌区中南二路58号 027-87419756 开户行及账号：中国银行湖北分行 818456835569876	备注	武昌机修有限责任公司 42050115968456 发票专用章

收款人：　　复核：　　开票人：李宝义　　销货单位（章）：

第三联：发票联　购货方记账凭证

凭证 45-2/2

业务 46：

建设 银行
现金支票存根

23097146

附加信息

出票日期 2011 年 12 月 26 日

收款人	江城纺织
金　额	¥10000.00
用　途	支取现金备用

单位主管 张青　　会计

凭证 46-1/1

业务 47：

借款单

2011年12月26日　　　　　　　　第2011002号

借款单位	厂办公室	金额							
人民币（大写）：壹万元整		十	万	千	百	十	元	角	分
		¥	1	0	0	0	0	0	0
借款事由：出差									
财务负责人	借款单位负责人					借款人			
同意。张青 2011.12.26	同意。江辰令 2011.12.26					段天峰			

现金付讫

凭证 47-1/1

业务 48：

中国 银行

转账支票存根

23097256

附加信息

出票日期 2011 年 12 月 27 日

收款人	武汉第二建筑公司
金　额	¥300000.00
用　途	支付结算款

单位主管 张青　会计

凭证 48-1/2

中国银行 BANK OF CHINA

业务收费凭证

币别：人民币　　2011 年 12 月 27 日　　流水号：956980002300681?

付款人			账号		
工本资金额	手续费金额	电子汇划费金额			合计金额
	50.00				RMB50.00
金额（大写）：人民币伍拾元整					
付款方式	转账				
备注：业务类型：对公收账 同城通存通兑手续费（按笔）			中国银行湖北分行办讫章 银行盖章		

会计主管　　授权　　复核　　柜员 刘彤

客户回单

凭证 48-2/2

业务 49：

收 料 单

武汉市兴隆废品回收有限公司　　　　第二联：存根

进料日期	材料名称	数量	金　额	收料人签字盖章	备　　注
2011 年 12 月 28 日	废角料		¥200.00	吴文	
合　计（大写）	人民币贰佰元整				

注：此单据作为结帐依据，须签字及盖章后才能生效，若遗失或损毁，我公司概不负责。

凭证 49-1/2

收　款　收　据　　N.O 0049003

2011 年 12 月 28 日

今　收　到 武汉市兴隆废品回收有限公司

交　来：出售废角料收入

金额（大写）　拾　万　仟贰　佰零　拾零　元零　角零

¥ 200.00　☑ 现金　☐ 支票　☐ 信用卡　☐ 其他　　收款单位（盖章）

核准　　会计 张明　　记账 向琴　　出纳　　经手人 曾晋

第一联 存根

凭证 49-2/2

业务 50：凭证 4 张。

3200063170 **湖北省增值税专用发票** No 00237254

记账联

开票日期：2011 年 12 月 29 日

购货单位		密码区
名称：	武汉旭日精工轴承有限公司	*-*5436*6+76>22126690 加密版本：01
纳税人识别号：	420101707355566	/073-68-<9-/+5172599 3100083620
地址、电话：	武汉市汉口民意一路46-6号 027-85868188	8796>2017<226<-13--8/ 01454880
开户行及账号：	中国建设银行湖北分行622775061556957	77>+79*<*76479+9<>>//

货物或应税劳务名称	规格型号	单位	数量	单价	金额	税率	税额
轴承	203#	套	30	10	300.00	17%	51.00
合计					¥300.00		¥51.00
价税合计（大写）	叁佰伍拾壹元整			（小写）	¥351.00		

销售单位		备注
名称：	江城纺织有限责任公司	
纳税人识别号：	420104300025065	
地址、电话：	武汉市硚口区建设大道368号027-83259427	
开户行及账号：	中国银行湖北支行 818456835493257	江城纺织有限责任公司 420104300025065 发票专用章

收款人： 复核： 开票人：刘国建 销货单位（章）

第四联：记账联 销货方记账凭证

出 库 单

出货单位：江城纺织有限责任公司 2011 年12月29日 连续号 45216004

提货单位或领货部门	武汉旭日精工轴承公司	销售单号	JC010204	发出仓库	第二仓库	出库日期	2011.12.29

编号	名称及规格	单位	数量 要数	数量 实发	单价	金额	备注
	轴承	套	30	30	8.00	240.00	
合计						¥240.00	

总经理 江辰令 收货 发货部门经理 肖成 收货人 李飞 领用部门经理

（三）记账联

销售单

购货单位:武汉旭日精工轴承有限公 地址和电话: 武汉市民意一路46-6号 027-85868188 单据编号: JC010204

纳税识别号: 420101707355566 开户行及账号: 中国建设银行湖北分行622775061556957 制单日期2011.12.29

编码	产品名称	规格	单位	单价	数量	金额	备注
	轴承		套	10.00	30	300.00	
合计	人民币（大写）：叁佰元整					¥300.00	

总经理：江辰令 销售经理：王锆 经手人：肖成 会计：肖芳

第三联：记账联

收 款 收 据

N.O 0049004

2011 年 12 月 29 日

今收到 武汉旭日精工轴承有限公司

交来：转让轴承203#收入

金额（大写） 拾 万 仟叁 佰伍 拾壹 元零 角零

¥ 351.00 ☑现金 ☐支票 ☐信用卡 ☐其他 收款单位（盖章） 江城纺织有限责任公司财务专用章

核准 会计 张明 记账 向琴 出纳 经手人 肖伟龙

第三联记账联

业务 51：

建设 银行
转账支票存根
20069111

附加信息

出票日期 2011 年 12 月 30 日

收款人	武汉市邮政局
金 额	¥6000.00
用 途	支付报纸杂志费

单位主管 张青　会计

凭证 51-1/2

武汉市邮政通信业统一发票

发票联

发票代码：26569865844
发票号码：00186996

2011 年 12 月 30 日

项 目	单 位	数 量	单 价	百	十	万	千	百	十	元	角	分
报刊杂志费						¥	6	0	0	0	0	0
合计金额 陆仟元整						¥	6	0	0	0	0	0

第二联：报销凭证

盖章有效　收款人：李一葆　开票人：袁浩宇

凭证 51-2/2

业务 52：

建行 银行
转账支票存根
20069112

附加信息

出票日期 2011 年 12 月 30 日

收款人	中国平安湖北分公
金 额	¥12000.00
用 途	支付保险费

单位主管 张青　会计

凭证 52-1/2

保险中介服务统一发票
INSURANCE INTERMEDIATE SERVICE TRADE INVOICE

发票联

发票代码 Invoice Code 0000000000189
发票号码 Invoice Number 0000000023

开票日期 Date of Issue：2011年12月30日

付款人名称 Name of Payer:	江城纺织有限责任公司
付款事由 Cause of Payment	企业财产保险费
付款金额（大写）Amount of Payment (In Words)	壹万贰仟元整　（小写）(In figures) ¥12000.00
附注 Notes	

第二联 发票联

开票单位签章 Stamped by Issuer　经手人 Handler 鄢娜娜　纳税人识别号 Taxpayer Identification Number 42050288887798
地址 Add. 武汉市建设大道68号　电话 Tel. 027-99201314　复核人 Checked by 朱晓明

凭证 52-2/2

业务 53：

起 诉 书

原告：中国建设银行武汉分行青山支行

地址：武汉青山区沿港路 19 号　027-87596699

被告（全称）：武汉天达股份有限公司　　**法定代表人姓名：**张建平

地址：武汉市和平大道 1278 附 13　027-86309023

被告（全称）：江城纺织有限责任公司　　**法定代表人姓名：**江辰兮

地址：湖北武汉市硚口区建设大道 368 号　027-83259427

案由：无法到期偿还债务

起诉事实与理由：

武汉天达公司因管理层经营不善，导致其财务状况恶化而无法到期偿还公司和银行债务，现向武汉天达及为其提供担保的江城纺织有限责任公司一起提起诉讼，要求其偿还所欠本银行债务及利息共计伍拾贰万伍仟元整，其中贷款本金为伍拾万元整，一年利息为贰万伍仟元整。

诉讼请求：

1、要求武汉天达公司及江城纺织有限责任公司及时支付所欠款项；

2、要求武汉天达公司及江城纺织有限责任公司支付全部诉讼费用。

此致

武汉市青山区 人民法院

原告：唐英军

2011 年 12 月 31 日

凭证 53-1/1

业务 54：

固定资产折旧计算表

单位：　　　　　　　　　　　　　会计期间：

序号	使用部门	品名	单位	数量	单价（元）	原始金额（元）	残值率	预计使用期限（年）	月折旧率	本月计提折旧（元）
1										
2										
3										
纺纱车间生产用固定资产本月折旧小计							—	—	—	
1										
2										
3										
织布车间生产用固定资产本月折旧小计							—	—	—	
1										
2										
3										
4										
5										
6										
7										
管理用固定资产本月计提折旧小计							—	—	—	
合　计							—	—	—	

财务主管：　　　　复核：　　　　编制日期：　　　　制表：

凭证 54-1/1

业务 55：

无形资产摊销表

编制单位：　　　　　　　　会计期间：　　　　　　　　金额单位：

序号	无形资产类型	无形资产名称	入账时间	原值	摊销年限	已摊销月份	月摊销额	累计摊销额
1								
2								
3								
4								
合　计					—	—		

财务主管：　　　　审核：　　　　制表：

凭证 55-1/1

业务 56：

江城纺织有限责任公司 12 月份用水统计表

编制单位：江城纺织有限责任公司　　　　会计期间：2011 年 12 月

用水期间	用水统计（立方米）	单价	本月水费预估金额	税率	不含税金额
2011 年 12 月	90 000	2.01 元/立方米	180 800 000	13%	160 000.00

财务主管：张青　　　审核：张青　　　编制日期：2011 年 12 月 31 日　　　制单：肖芳

凭证 56-1/2

江城纺织有限责任公司12月份用水量统计表

序号	部门	耗水量（立方米）
1	纺纱车间	32 000
2	纺布车间	40 600
3	供电车间	3 000
4	供水车间	2 000
5	管理部门	12 400
合　计		90 000

审核：李强　　编制日期：2011年12月31日　　制表人：杨天乐

凭证56-2/2

业务57：

江城纺织有限责任公司12月份用电量统计表

序号	部门	工艺用电（度数）	其他用电（度数）	耗电合计（度数）
1	纺纱车间	246 000	40 200	286 200
2	纺布车间	312 000	48 600	360 600
3	供电车间		6 000	6 000
4	供水车间		8 000	8 000
5	管理部门		38 000	38 000
合　计		558 000	140 800	698 800

审核：李强　　编制日期：2011年12月31日　　制表人：杨天乐

凭证57-1/2

江城纺织有限责任公司12月份用电统计表

编制单位：江城纺织有限责任公司　　会计期间：2011年12月

用电期间	用电度数	单价	本月电费预估金额	税率	不含税金额
2011年12月	698 800	1元/度	702 000.00	17%	600 000.00

财务主管：张青　　审核：张青　　编制日期：2011年12月31日　　制单：肖芳

凭证57-2/2

业务58：

财务费用计提表

单位：　　会计期间：

借款用途	借款性质	借款日	到期日	借款本金（元）	年利率（%）	计提依提（计算公式）	本月应计利息（元）	借记科目
生产经营	短期							
基建工程	长期							
合　计		—	—		—	—		—

财务主管：　　审核：　　制表时间：　　制单：

凭证58-1/1

业务 59：

财产保险费摊销计算表

单位：　　　　　　　　　　　　　　会计期间：

名称	原值	摊销期限（月）	已摊销金额（元）	计算依据（计算公式）	本月摊销金额（元）
合　计		—	—	—	

财务主管：　　　　审核：　　　　制表时间：　　　　制表：

凭证 59-1/1

业务 60：

江城纺织有限责任公司存货清查报告单

编制日期：2011 年 12 月 31 日

类别	财产名称	计量单位	计划单价	账存数量	实存数量	盘盈		盘亏	
						数量	金额	数量	金额
低值易耗品	手套	双	12.00	1100	1090			10	120.00
合　计			—	—	—	—		—	

存货主管：王鑫　　　　保管使用：刘逸　　　　制单：李海

凭证 60-1/3

江城纺织有限责任公司存货盘亏盘盈审批单

编制日期：2011 年 12 月 31 日

类别	财产名称	计量单位	计划单价	账存数量	实存数量	盘盈		盘亏		原因
						数量	金额	数量	金额	
低值易耗品	手套	双	12.00	1100	1090			10	120.00	不明
	处理意见：同意将低值易耗品盘亏价值列为当期管理费用。									
合　计									120.00	

财务主管：张青　　审批：陈诺　　存货主管：王鑫　　保管使用：刘逸　　制单：李海

凭证 60-2/3

江城纺织有限责任公司盘亏存货成本差异计算单

编制日期：2011 年 12 月 31 日

类别	财产名称	计量单位	盘亏			差异率	成本差异	备注
			数量	计划单价	计划成本			
合　计			—	—		—		

财务主管：　　　　审核：　　　　制单：

凭证 60-3/3

业务 61：

江城纺织有限责任公司计提坏账准备明细表

编制日期：2011 年 12 月 31 日

序号	账户名称	期末余额	计提比例（%）	期末坏账金额	未计提前坏账余额	本期应计提（或冲销）的金额
1					—	—
2					—	—
合　计						

财务主管：　　　　审核：　　　　制单：

凭证 61-1/1

业务 62：

江城纺织有限责任公司计提存货跌价准备明细表

编制日期：2011 年 12 月 31 日

序号	存货名称	规格	账面价值	可变现净值	计提存货跌价准备
1					
2					
3					
4					
5					
合　计					

财务主管：　　　　审核：　　　　制单：

凭证 62-1/1

业务 63：

江城纺织有限责任公司计提减值准备明细表

编制日期：2011 年 12 月 31 日

序号	资产类别	资产名称	账面价值	可收回余额	计提减值准备
1					
2					
3					
4					
5					
合　计					

财务主管：　　　　审核：　　　　制单：

凭证 63-1/1

业务 64：

江城纺织有限责任公司工资汇总表

编制日期：2011 年 12 月 31 日　　　　单位：元

车间、部门		基本工资	津贴	计时工资	缺勤工资	应付工资	代扣款项				代扣款小计	实发工资
							住房公积金	养老保险	失业保险	医疗保险		
纺纱车间	生产工人	411 560		823 978	5 970	1 229 568	67 000	66 640	8105	19 715	161 460	1 068 108
	管理人员	80 421	139 114			219 535	13 091	13 021	1 583	3 852	31 547	187 988
织布车间	生产工人	401 233		598 711		999 944	65 318	64 967	7 901	19 220	157 406	842 538
	管理人员	75 450	129 761			205 211	12 281	12 215	1 485	3 613	29 595	175 616
供电车间		11 328	17 122			28 450	1 842	1 832	222	542	4 438	24 012
供水车间		8 000	8 950			16 950	1 299	1 292	157	382	3 130	13 820
厂部		81 200	87 539			168 739	13 219	13 148	1 599	3 889	31 855	136 884
合　计		1 069 192	382 486	1 422 689	5 970	2 868 397	174 050	173 115	21 052	51 213	419 430	2 448 967

财务主管：张青　　　　审核：周晓晓　　　　制表：肖芳

凭证 64-1/3

江城纺织有限责任公司直接人工工资费用分配表

编制日期：

车间名称	基本生产成本	计划投产量（吨）	定额标准（元/吨）	分配标准（元）（产量*定额标准）	分配率	分配金额
纺纱车间	经纱					
	纬纱					
小　　计						
车间名称	基本生产成本	计划投产量（百米）	定额标准（元/百米）	分配标准（元）（产量*定额标准）	分配率	分配金额
织布车间	棉布 150					
	棉布 230					
小　　计						

财务主管：　　　　审核：　　　　制单：

凭证 64-2/3

业务 65：

江城纺织有限责任公司职工薪酬计算表

编制日期：　　单位：元

应借科目	项目	工资费用
生产成本—基本生产成本	经纱	
	纬纱	
	小计	
	棉布 150	
	棉布 230	
	小计	
制造费用	纺纱车间	
	织布车间	
生产成本—辅助生产成本	供电车间	
	供水车间	
管理费用		
合　　计		

财务主管：　　　　审核：　　　　制单：

凭证 64-3/3

江城纺织有限责任公司福利费计算表

编制日期：

应借科目	项目	工资费用（元）	计提比率（%）	福利费（元）
生产成本—基本生产成本	经纱			
	纬纱			
	小计			
	棉布 150			
	棉布 230			
	小计			
制造费用	纺纱车间			
	织布车间			
生产成本—辅助生产成本	供电车间			
	供水车间			
管理费用				
合　　计				

财务主管：　　　　审核：　　　　制单：

凭证 65-1/1

业务 66：

职工保险费计算表

编制日期：2011 年 12 月 31 日

项目名称	本月金额（元）
养老保险费	210 665
失业保险	23 754
医疗保险	78 340
工伤保险费	12 010
生育保险费	8 340
住房公积金	174 050
合　　计	507 159

人事主管：杨柳　　　　审核：王兰　　　　制表：刘畅

凭证 66-1/1

业务 67：

中国银行
转账支票存根
23097253
附加信息
出票日期2011 年12 月11 日
收款人 江城纺织
金 额 ¥ 2,448,967.00
用 途 支付 工资
单位主管 张蕾 会计

凭证 67-1/1

业务 68：

中国银行
转账支票存根
23097253
附加信息
出票日期2011 年12 月 31 日
收款人 武汉城区社保
金 额 ¥ 576,489.00
用 途 支付社保
单位主管 张蕾 会计

凭证 68-1/2

中国银行
转账支票存根
23097253
附加信息
出票日期2011 年12 月 31 日
收款人 武汉住房公积金管理中心
金 额 ¥ 348,100.00
用 途 支付公积金
单位主管 张蕾 会计

凭证 68-2/2

业务 69：

江城纺织有限责任公司材料成本差异率计算表

编制日期： 单位：

类别名称	存货计划成本			材料成本差异			差异率
	期初数	本期增加	合计	期初	入库增加	合计	
原料及主要材料							
辅助材料							
燃料							
其他材料							
包装物							
低值易耗品							
合 计							

财务主管： 审核： 制单：

凭证 69-1/3

江城纺织有限责任公司发料凭证汇总表

编制日期： 单位：

存货名称			基本生产成本				制造费用		合计
类别	名称	规格	经纱	纬纱	棉布 150	棉布 230	纺纱车间	织布车间	
原料及主要材料	棉花								
辅助材料	浆料								
	浆料								
	小 计								
燃料	汽油								
其他材料	胶圈								
	轴承								
	轴承								
	钢筘								
	棕丝								
	小 计								
领用原材料小计									
包装物	内膜袋								
	编织袋								
	纸管								
	包套								
	麻绳								
	缝包线								
	小 计								
低值易耗品	手套								
	工作服								
合 计									

财务主管： 审核： 制单：

凭证 69-2/3

江城纺织有限责任公司材料成本差异计算表

编制日期：　　　　　　　　　　单位：

材料类别	基本生产成本				制造费用		差异合计
	经纱	纬纱	棉布 150	棉布 230	纺纱车间	织布车间	
原料及主要材料							
辅助材料							
燃料							
其他材料							
包装物							
低值易耗品							
合　计							

财务主管：　　　　　　　　审核：　　　　　　　　制单：

凭证 69-3/3

业务 70：

江城纺织有限责任公司水电用量统计表

编制日期：

部门	工艺用电（度数）	其他用电（度数）	耗电合计（度数）	耗水量（立方米）	备注
纺纱车间	246 000	40 200	286 200	32 000	车间工艺用电尚需要按两种产品继续分配，进入基本生产成本；车间用水作为一般消耗，不做进一步分配。
织布车间	312 000	48 600	360 600	40 600	
供电车间		6000	6000	3000	
供水车间		8000	8000	2000	
管理部门		38 000	38 000	12 400	
合　计	558 000	140 800	698 800	90 000	

财务主管：　　　　　　　　审核：　　　　　　　　制单：

凭证 70-1/2

江城纺织有限责任公司辅助费用分配表

编制日期：

应借项目		费用项目	电费分配				水费分配		合　计
			电耗用量计算			分配额（元）	用水量（立方米）	分配额（元）	
			计划耗电定额	分配计入（度）	直接计入（度）				
生产成本—基本生产成本	经纱	动力费							
	纬纱	动力费							
	小计								
	棉布 150	动力费							
	棉布 230	动力费							
	小计								
生产成本—辅助生产成本	供电车间	水电费							
	供水车间	水电费							
	小计								
制造费用	纺纱车间	水电费							
	织布车间	水电费							
	小计								
管理费用		水电费							
合　计									

财务主管：　　　　　　　　审核：　　　　　　　　制单：

凭证 70-2/2

业务 71：

江城纺织有限责任公司制造费用分配表

车间名称：纺纱车间　　　　编制日期：

产品名称	计划产量（吨）	制造费用单位定额（元/吨）	定额费用（元）	分配率	分配金额（元）
经纱					
纬纱					
小计		—			

财务主管：　　　　审核：　　　　制单：

凭证 71-1/2

江城纺织有限责任公司制造费用分配表

车间名称：织布车间　　　　编制日期：

产品名称	计划产量（百米）	制造费用单位定额（元/百米）	定额费用（元）	分配率	分配金额（元）
棉布 150					
棉布 230					
小计		—			

财务主管：　　　　审核：　　　　制单：

凭证 71-2/2

业务 72：

江城纺织有限责任公司制造成本计算单

生产车间：纺纱车间　　　　产品名称：经纱

完工产品产量（千克）：　　　　完工产品单位成本（元/千克）：

成本项目	生产费用合计（元）	在产品约当产量（千克）	完工产品产量（千克）	分配率	完工产品成本（元）	月末在产品成本（元）
直接材料						
直接人工						
其他直接费用						
制造费用						
合　计						

财务主管：　　　　审核：　　　　编制日期：　　　　制单：

凭证 72-1/2

江城纺织有限责任公司制造成本计算单

生产车间：纺纱车间　　　　产品名称：纬纱

完工产品产量（千克）：　　　　完工产品单位成本（元/千克）：

成本项目	生产费用合计（元）	在产品约当产量（千克）	完工产品产量（千克）	分配率	完工产品成本（元）	月末在产品成本（元）
直接材料						
直接人工						
其他直接费用						
制造费用						
合　计						

财务主管：　　　　审核：　　　　编制日期：　　　　制单：

凭证 72-2/2

业务 73：

江城纺织有限责任公司半成品领料单

领用单位：　　　　　　　　　产品名称：　　　　　　　　　　　　仓管员：

名称	规格	单位	入　库		
			数量	单价	金额
合　计	—	—	—	—	

仓库主管：　　　　　　质量核查：　　　　　　验收：

凭证 73-1/4

江城纺织有限责任公司制造成本计算单

生产车间：织布车间　　　　　　产品名称：棉布 150
完工产品产量（米）：　　　　　完工产品单位成本（元/米）：

成本项目	生产费用合计（元）	在产品约当产量（千克）	完工产品产量（千克）	分配率	完工产品成本（元）	月末在产品成本（元）
直接材料						
直接人工						
其他直接费用						
制造费用						
合　计						

财务主管：　　　　　　审核：　　　　　　编制日期：　　　　　　制单：

凭证 73-2/4

江城纺织有限责任公司制造成本计算单

生产车间：织布车间　　　　　　产品名称：棉布 230
完工产品产量（米）：　　　　　完工产品单位成本（元/米）：

成本项目	生产费用合计（元）	在产品约当产量（千克）	完工产品产量（千克）	分配率	完工产品成本（元）	月末在产品成本（元）
直接材料						
直接人工						
其他直接费用						
制造费用						
合　计						

财务主管：　　　　　　审核：　　　　　　编制日期：　　　　　　制单：

凭证 73-3/4

江城纺织有限责任公司库存商品入库单

仓库名称：　　　　　　　　　　　编制日期：　　　　　　　　　　　仓管员：

名称	规格	单位	入　　库		
			数量	单价	金额
合　　计	—	—	—	—	

仓库主管：　　　　　　质量核查：　　　　　　验收：

凭证 73-4/4

业务 74：

江城纺织有限责任公司已售商品成本计算单

名称	规格	单位	已售商品		
			数量	单价	金额
合　　计	—	—	—	—	

财务主管：　　　　　　审核：　　　　　　编制日期：　　　　　　制单：

凭证 74-1/1

业务 75：无。

业务 76：

城建税、教育费附加计算表

税款所属期：　　　　　　　　　　　　　　单位：

序号	流转税税种	适用税率	应交税额	
1	增值税			
2	营业税			
小　计				
下表：应交城市维护建设税及教育费附加计算表				
计税（费）基础	应交城市维护建设税		应交教育费附加	
	税率	税额	费率	费额
增值税				
营业税				
合　计				

财务主管：　　　　　　审核：　　　　　　制表：

凭证 76-1/1

业务 77—81：无。